Scoprire i Giochi Gratuiti Online

Disponibile Qui:

BestActivityBooks.com/FREEGAMES

5 CONSIGLI PER INIZIARE

1) COME RISOLVERE LE PAROLE INTRECCIATTE

I puzzle hanno un formato classico:

- Le parole sono nascoste senza spazi o trattini,...
- Orientamento: Le parole possono essere scritte in avanti, indietro, verso l'alto, verso il basso o in diagonale (possono essere invertite).
- Le parole possono sovrapporsi o intersecarsi.

2) APPRENDIMENTO ATTIVO

Accanto ad ogni parola c'è uno spazio per scrivere la traduzione. Per incoraggiare l'apprendimento attivo, un **DIZIONARIO** alla fine di questa edizione vi permetterà di controllare e ampliare le vostre conoscenze. Cerca e scrivi le traduzioni, trovale nel puzzle e aggiungile al tuo vocabolario!

3) SEGNARE LE PAROLE

Puoi inventare il tuo sistema di segni. Forse ne usi già uno? Per esempio, puoi segnare le parole difficili da trovare con una croce, le parole preferite con una stella, le parole nuove con un triangolo, le parole rare con un diamante, e così via.

4) STRUTTURARE L'APPRENDIMENTO

Questa edizione offre un **TACCUINO** alla fine del libro. In vacanza, in viaggio o a casa, puoi organizzare facilmente le tue nuove conoscenze senza bisogno di un secondo quaderno!

5) AVETE FINITO TUTTE LE GRIGLIE?

Nelle ultime pagine di questo libro, nella sezione della **SFIDA FINALE**, troverete un gioco gratuito!

Facile e veloce! Dai un'occhiata alla nostra collezione di libri di attività per il tuo prossimo momento di divertimento e **apprendimento,** a portata di clic!

Trova la tua prossima sfida su:

BestActivityBooks.com/MioProssimoLibro

Ai vostri posti, pronti...Via!

Sapevi che ci sono circa 7.000 lingue diverse nel mondo? Le parole sono preziose.

Amiamo le lingue e abbiamo lavorato duramente per creare libri di altissima qualità. I nostri ingredienti?

Una selezione di argomenti adatti all'apprendimento, tre buone porzioni di intrattenimento, una cucchiaiata di parole difficili e una spolverata di parole rare. Li serviamo con amore e entusiasmo in modo che tu possa risolvere i migliori giochi di parole e divertirti imparando!

La vostra opinione è essenziale. Puoi partecipare attivamente al successo di questo libro lasciandoci un commento. Ci piacerebbe sapere cosa ti è piaciuto di più di questa edizione.

Ecco un link veloce alla pagina dell'ordine:

BestBooksActivity.com/Recensione50

Grazie per il vostro aiuto e buon divertimento!

Tutta la squadra

1 - Scacchi

```
I  D  I  A  G  O  N  A  L  F  E  Z  O  N
N  P  S  A  C  R  I  F  I  C  I  O  P  E
T  E  A  B  K  B  Í  B  L  A  N  C  O  G
E  S  H  S  G  O  J  P  J  C  T  P  N  R
L  T  S  T  I  E  M  P  O  E  Í  O  E  O
I  R  E  Y  F  V  N  Y  N  U  R  P  N  V
G  A  B  I  F  T  O  R  N  E  O  S  T  J
E  T  D  E  Z  O  J  U  E  G  O  E  E  G
N  E  O  I  I  C  U  P  U  N  T  O  S  J
T  G  Q  W  D  T  G  H  X  R  W  N  P  L
E  I  L  O  X  C  A  M  P  E  Ó  N  J  H
D  A  P  R  E  N  D  E  R  E  G  L  A  S
R  E  I  N  A  C  O  N  C  U  R  S  O  Y
Í  S  N  T  H  K  R  I  M  L  C  G  G  Y
```

OPONENTE	APRENDER
BLANCO	PUNTOS
CAMPEÓN	REY
CONCURSO	REINA
DIAGONAL	REGLAS
JUGADOR	SACRIFICIO
JUEGO	ESTRATEGIA
INTELIGENTE	TIEMPO
NEGRO	TORNEO
PASIVO	

2 - Aggettivi #2

```
A  F  S  A  L  U  D  A  B  L  E  F  D  R
F  U  S  A  L  A  D  O  H  Q  L  A  E  E
H  E  T  N  A  T  U  R  A  L  Í  M  S  S
A  R  S  É  C  R  E  A  T  I  V  O  C  P
M  T  W  E  N  O  R  M  A  L  S  S  R  O
B  E  Z  I  C  T  N  U  E  V  O  O  I  N
R  P  U  R  O  O  I  L  D  O  Q  X  P  S
I  O  P  R  O  D  U  C  T  I  V  O  T  A
E  L  E  G  A  N  T  E  O  G  Í  I  I  B
N  Í  V  C  V  V  L  J  D  Z  Y  K  V  L
T  Í  A  T  U  W  E  E  G  U  Í  P  O  E
O  X  N  U  U  O  R  G  U  L  L  O  S  O
S  G  W  K  D  R  A  M  Á  T  I  C  O  O
H  H  I  N  T  E  R  E  S  A  N  T  E  U
```

HAMBRIENTO	INTERESANTE
SECO	NATURAL
AUTÉNTICO	NORMAL
CREATIVO	NUEVO
DESCRIPTIVO	ORGULLOSO
DULCE	PRODUCTIVO
DRAMÁTICO	PURO
ELEGANTE	RESPONSABLE
FAMOSO	SALADO
FUERTE	SALUDABLE

3 - Mobili

```
C R H U Y A M V F F O L E A
A L M O H A D A A U L J R L
Y B S J U E S T A N T E S F
B W E X C O L C H Ó N Ó X O
A E S T A N T E R Í A V N M
N R U I M E S P E J O J U B
C S M B A C G E E S O F Á R
O I W A L Á M P A R A E T A
H L Y B R W B X E K M Y H A
J L G E L I H A M A C A V C
E Ó M R O C O J I N E S X C
B N E S C R I T O R I O O W
R P W T J A J T M M J Q U N
S I L L A C O R T I N A S P
```

HAMACA	COLCHÓN
ARMARIO	BANCO
COJINES	SILLÓN
ALMOHADA	ESTANTES
SOFÁ	ESCRITORIO
FUTÓN	SILLA
LÁMPARA	ESPEJO
CAMA	ALFOMBRA
ESTANTERÍA	CORTINAS

4 - Pesca

```
A F X U X O C R Y F G G P A
K G D B U T E Q U I P O A L
F L U S J O B A R C O Q C E
V A N A P S O H H D O Í I T
A G M A N D Í B U L A O E A
G O P F R P L A Y A M C N S
C A B L E E Y J M G O É C R
E S N S Í S X U G U V A I Í
S X K C C O C I N A R N A O
T A I V H E N T S K C O J T
A T E M P O R A D A X Q A G
A I B R A N Q U I A S G V Í
E X A G E R A C I Ó N Í S Q
P Q X E K K Q T R B B Í Q V
```

AGUA	GANCHO
EQUIPO	LAGO
BARCO	MANDÍBULA
BRANQUIAS	OCÉANO
CESTA	PACIENCIA
COCINAR	PESO
EXAGERACIÓN	ALETAS
CEBO	PLAYA
CABLE	TEMPORADA
RÍO	

5 - Aggettivi #1

A I D É N T I C O V N W A E
Z M A C T I V O P A L B R X
S C B T O X I Q Y L B G O Ó
L K K I K S Q Z C I I R M T
I R H D C J E L K O M A Á I
M W O E I I N L D S P N T C
O L N L K C O P W O O D I O
D A E G R D R S E X R E C J
E R S A V N M M O S T P O U
R G T D L F E T U Y A C D Y
N O O A E J O V E N N D Y Í
O H G E N E R O S O T O O U
V D M V T Z P E R F E C T O
N A B S O L U T O T E V Z T

AMBICIOSO IMPORTANTE
AROMÁTICO LENTO
ABSOLUTO LARGO
ACTIVO MODERNO
ENORME HONESTO
EXÓTICO PERFECTO
GENEROSO PESADO
JOVEN VALIOSO
GRANDE DELGADA
IDÉNTICO

6 - Geologia

R J Z C E K C E Z J M P K F
V O L C Á N U S G É I S E R
M F Ó S I L A T K M N C C C
Í Q V A X I R A C E E O R A
K Q Á Q Z Q Z L A S R N I P
T V C C J S O A V T A T S A
E R O S I Ó N G E A L I T C
R L R Í T D Í M R L E N A A
R A A M Y F O I N A S E L L
E V L J E U W T A C U N E C
M A E I P S K A V T V T S I
O A E K T A E S R I E E Y O
T A V Q K L W T T T Q W X S
O P I E D R A L A A G K I T

ÁCIDO	LAVA
MESETA	MINERALES
CALCIO	PIEDRA
CAVERNA	CUARZO
CONTINENTE	SAL
CORAL	ESTALAGMITAS
CRISTALES	ESTALACTITA
EROSIÓN	CAPA
FÓSIL	TERREMOTO
GÉISER	VOLCÁN

7 - Campeggio

```
B M F M A P A B G D N M T N
R O R U C L W S U I A Z Í A
Ú O O Y E A H W K V T I L N
J A R U B G N E Í E U S F I
U Z C O O O O O C R R O Í M
L B E D S H Z Z A S A M A A
A J G V Q M A S Z I L B L L
L Z L M U O G M A Ó E R U E
I T X H E N W E A N Z E N S
I N S E C T O G C C A R A C
P N E W C A B I N A A O L A
U Í T Z H Ñ Á R B O L E S R
J N V E T A V E N T U R A P
S Y T M C U E R D A I Y W A
```

ÁRBOLES	DIVERSIÓN
HAMACA	BOSQUE
ANIMALES	FUEGO
AVENTURA	INSECTO
BRÚJULA	LAGO
CABINA	LUNA
CAZA	MAPA
CANOA	MONTAÑA
SOMBRERO	NATURALEZA
CUERDA	CARPA

8 - Arti Visive

```
A  E  Z  S  P  P  N  I  V  L  Á  P  I  Z
L  R  H  E  C  L  E  Z  K  P  L  U  M  A
S  I  T  I  Z  A  A  L  D  A  S  O  D  A
Z  Í  L  I  W  K  F  N  Í  U  N  S  C  R
F  F  J  G  S  P  O  M  T  C  E  R  A  Q
E  S  C  U  L  T  U  R  A  I  U  E  X  U
B  A  R  N  I  Z  A  R  C  I  L  L  A  I
C  O  M  P  O  S  I  C  I  Ó  N  L  A  T
E  J  R  E  T  R  A  T  O  C  H  C  A  E
P  E  R  S  P  E  C  T  I  V  A  A  A  C
F  O  T  O  G  R  A  F  Í  A  U  R  E  T
C  A  B  A  L  L  E  T  E  H  H  B  R  U
C  R  E  A  T  I  V  I  D  A  D  Ó  U  R
O  B  R  A  M  A  E  S  T  R  A  N  G  A
```

ARQUITECTURA	FOTOGRAFÍA
ARCILLA	TIZA
ARTISTA	LÁPIZ
OBRA MAESTRA	PLUMA
CARBÓN	PERSPECTIVA
CABALLETE	RETRATO
CERA	ESCULTURA
COMPOSICIÓN	PLANTILLA
CREATIVIDAD	BARNIZ
PELÍCULA	

9 - Tempo

```
P  Í  I  A  A  Ñ  O  R  Q  F  B  D  H  A
M  A  Ñ  A  N  A  Z  Q  C  B  Y  E  N  A
I  H  G  Z  T  T  P  H  H  Z  U  S  O  J
N  M  W  P  L  R  E  L  O  J  A  P  Z  D
U  A  O  G  S  G  W  S  Y  M  D  U  C  D
T  P  P  D  T  R  I  I  Í  G  P  É  A  N
O  P  R  F  A  N  U  A  L  M  E  S  L  F
D  Í  A  O  U  J  H  J  M  E  S  E  E  K
B  S  B  D  N  T  N  D  Q  D  I  M  N  W
U  O  Q  É  H  T  U  Í  S  I  G  A  D  U
N  J  H  C  N  B  O  R  S  O  L  N  A  E
M  I  S  A  Y  E  R  W  O  D  O  A  R  H
D  S  J  D  H  O  R  A  T  Í  G  D  I  Í
U  Z  O  A  N  O  C  H  E  A  P  T  O  H
```

AÑO	MEDIODÍA
ANUAL	MINUTO
CALENDARIO	NOCHE
DÉCADA	HOY
DESPUÉS	HORA
FUTURO	RELOJ
DÍA	PRONTO
AYER	ANTES
MAÑANA	SIGLO
MES	SEMANA

10 - Astronomia

```
E  Q  U  I  N  O  C  C  I  O  K  T  A  X
G  T  E  L  E  S  C  O  P  I  O  I  S  M
V  R  C  O  S  M  O  S  C  O  H  E  T  E
I  V  A  S  T  E  R  O  I  D  E  R  R  T
X  V  P  V  H  L  A  P  E  N  V  R  Ó  E
G  O  Y  K  E  Y  T  H  L  L  E  A  N  O
P  E  K  D  E  D  H  J  O  P  Y  G  O  R
P  C  P  G  A  L  A  X  I  A  L  B  M  O
H  L  P  S  N  L  V  D  L  K  U  U  O  X
X  J  A  R  A  D  I  A  C  I  Ó  N  N  G
N  Q  P  N  S  U  P  E  R  N  O  V  A  A
E  O  B  S  E  R  V  A  T  O  R  I  O  X
E  C  O  N  S  T  E  L  A  C  I  Ó  N  J
A  S  T  R  O  N  A  U  T  A  N  T  O  Q
```

ASTEROIDE	LUNA
ASTRONAUTA	METEORO
ASTRÓNOMO	OBSERVATORIO
CIELO	PLANETA
COSMOS	RADIACIÓN
CONSTELACIÓN	COHETE
EQUINOCCIO	SUPERNOVA
GALAXIA	TELESCOPIO
GRAVEDAD	TIERRA

11 - Circo

```
M O S O W K F X T G T D B E
M A R C N I W T I G R E I A
A B G A P O C Y E H A S L M
L X G O E A Y A D M J F L Ú
A N I M A L E S R O E I E S
B G G I P N J H L P M L T I
A L C A R A M E L O A E E C
R O L E Ó N O G I B G Í F A
I B H S X X N H F E I P Y P
S O K H D E O X Í M A Y Í A
T S A C R Ó B A T A U D O Y
A E S P E C T A C U L A R A
E S P E C T A D O R Y U A S
E L E F A N T E T R U C O O
```

ACRÓBATA	MAGO
ANIMALES	MÚSICA
BILLETE	GLOBOS
CARAMELO	DESFILE
PAYASO	MONO
TRAJE	ESPECTACULAR
ELEFANTE	ESPECTADOR
MALABARISTA	CARPA
LEÓN	TIGRE
MAGIA	TRUCO

12 - Mitologia

```
V  D  V  F  J  L  A  B  E  R  I  N  T  O
M  Á  G  I  C  O  E  U  K  A  W  D  I  Í
O  P  H  L  V  O  D  Y  Í  Y  S  B  N  O
N  J  É  D  Q  J  E  D  E  O  H  I  M  F
S  C  R  E  A  C  I  Ó  N  N  B  U  O  U
T  U  O  S  I  N  D  C  Z  S  D  F  R  E
R  L  E  A  C  Z  A  Y  E  S  F  A  T  R
U  T  M  S  R  P  D  T  A  L  I  A  A  Z
O  U  O  T  I  A  E  V  W  G  O  B  L  A
M  R  R  R  A  X  S  A  W  N  Q  S  I  A
T  A  T  E  T  R  U  E  N  O  V  I  D  O
V  U  A  G  U  E  R  R  E  R  O  U  A  A
N  G  L  A  R  Q  U  E  T  I  P  O  D  B
L  K  Í  X  A  C  R  E  E  N  C  I  A  S
```

ARQUETIPO	CELOS
CRIATURA	GUERRERO
CREACIÓN	INMORTALIDAD
CREENCIAS	LABERINTO
CULTURA	LEYENDA
DESASTRE	MÁGICO
DEIDADES	MORTAL
HÉROE	MONSTRUO
FUERZA	TRUENO
RAYO	

13 - Piante

```
F O L L A J E Z T Y P U A B
E B B R A Í Z V H O É I F O
R C A O R Y N C A C T U S T
T X K Y S W V A V J A V P Á
I P U F A Q M A H G L E W N
L B A M B Ú U J I Z O G M I
I X F Q B J S E E O C E M C
Z Z L L J Q G K D C R T N A
A P O P O H O W R M E A N L
N Í R Í Á R M R A P C C L Q
T H I E R B A S Z A E I C Y
E P A R B U S T O L R Ó T V
S F V L O F R I J O L N P O
O C Q L L J A R D Í N O A R
```

ÁRBOL	FERTILIZANTE
BAYA	FLOR
BAMBÚ	FLORA
BOTÁNICA	FOLLAJE
CACTUS	BOSQUE
ARBUSTO	JARDÍN
CRECER	MUSGO
HIEDRA	PÉTALO
HIERBA	RAÍZ
FRIJOL	VEGETACIÓN

14 - Spezie

```
K  C  B  K  M  P  G  V  M  A  C  P  A  B
R  E  G  A  L  I  Z  A  U  J  I  I  Z  H
V  B  Z  M  Y  M  C  I  N  O  A  M  A  I
X  O  X  A  E  I  Ú  N  Í  Í  O  E  F  N
X  L  U  R  X  E  R  I  U  T  S  N  R  O
E  L  D  G  Q  N  C  L  L  C  C  T  Á  J
E  A  M  O  Q  T  U  L  K  A  X  Ó  N  O
O  J  I  Z  R  A  M  A  K  R  L  N  Y  H
C  O  M  I  N  O  A  W  C  D  N  J  Z  O
S  D  U  L  C  E  C  I  L  A  N  T  R  O
A  E  X  I  K  Z  U  R  R  M  N  P  U  Í
L  L  Y  J  Y  K  R  G  Q  O  W  E  H  X
Y  H  T  I  U  B  R  R  Í  M  J  J  L  H
X  Q  Í  T  V  Z  Y  X  K  O  H  N  D  A
```

AJO	CURRY
AMARGO	DULCE
ANÍS	HINOJO
CANELA	REGALIZ
CARDAMOMO	PIMENTÓN
CEBOLLA	PIMIENTA
CILANTRO	SAL
COMINO	VAINILLA
CÚRCUMA	AZAFRÁN

15 - Numeri

```
C U A T R O N R D K K Z Í F
D I E C I N U E V E V V V J
D R N W D I E C I S I E T E
I K V C T R E S H E N Í O D
E D Í Q O F S H Q I U Í X I
C O I U B T F O A K E S D E
I C V I H M R P E D V M O C
S E O N P X S E I S E I S I
É F Í C Q A D E C I M A L O
I P H E H S I Z E E G Í V C
S Q O V O O I P R T J E J H
V E I N T E U O O E D I H O
C A T O R C E D I E Z M U J
X T I H Í E G Y X F T M K B
```

CINCO	CATORCE
DECIMAL	CUATRO
DIECINUEVE	QUINCE
DIECISIETE	DIECISÉIS
DIECIOCHO	SEIS
DIEZ	SIETE
DOCE	TRES
DOS	TRECE
NUEVE	VEINTE
OCHO	CERO

16 - Cioccolato

```
C W C W P T P B C C R A G P
A Y O W C G Z Í A A E M U O
C J C N F R E D L R C A S L
A A O N P K H U O A E R T V
H H C C Z G Y L R M T G O O
U K F A O K V C Í E A O P V
E U A R O M A E A L N R Í V
T G O R E C E N S O W A G O
E X Ó T I C O R A Z Ú C A R
S A A N T I O X I D A N T E
D E L I C I O S O S M R N G
M H J F A V O R I T O O O K
N G M W A R T E S A N A L C
I N G R E D I E N T E F V T
```

AMARGO	EXÓTICO
ANTIOXIDANTE	GUSTO
CACAHUETES	INGREDIENTE
AROMA	COMER
ARTESANAL	COCO
CACAO	POLVO
CALORÍAS	FAVORITO
CARAMELO	RECETA
DELICIOSO	AZÚCAR
DULCE	

17 - Guida

```
W M A P A V V C H W F G P M
Z C P E E C T I S Z H A O O
O O I L Z M C D U T U R L T
G C B I T U A I Q U T A I O
P H X G A S R L D S R J C C
A E D R G N R I Í E A E Í I
Í U Í O S M E C W G N H A C
M O T O R X T E S U S T G L
O Í R O N T E N L R P E E E
Q P Á Y B T R C C I O T Í T
I C F R U Ú A I M D R Y C A
A U I J D N S A K A T O B M
H M C F R E N O S D E X V O
W A O N P L P E A T O N A L
```

COCHE	MOTOR
AUTOBÚS	PEATONAL
FRENOS	PELIGRO
GARAJE	POLICÍA
GAS	SEGURIDAD
ACCIDENTE	CARRETERA
LICENCIA	TRÁFICO
MAPA	TRANSPORTE
MOTOCICLETA	TÚNEL

18 - Sport

```
A  G  G  N  B  É  I  S  B  O  L  J  G  U
T  O  I  G  A  I  O  R  M  I  B  U  I  D
L  L  M  A  W  D  C  Z  R  O  C  E  M  Q
E  F  N  N  M  M  A  I  D  U  A  G  N  L
T  X  A  A  A  O  J  R  C  S  M  O  A  Á
A  Y  S  D  D  V  J  L  K  L  P  T  S  R
P  T  I  O  S  I  N  X  Í  T  E  M  I  B
F  F  A  R  I  M  H  F  H  C  O  T  O  I
E  S  T  A  D  I  O  N  Z  X  N  N  A  T
L  G  W  K  S  E  C  J  U  G  A  D  O  R
M  Y  N  P  Y  N  K  V  K  G  T  F  X  O
Y  Í  N  D  X  T  E  N  I  S  O  J  X  P
E  Q  U  I  P  O  Y  W  K  H  B  F  O  N
E  N  T  R  E  N  A  D  O  R  K  E  B  I
```

ENTRENADOR	GOLF
ÁRBITRO	HOCKEY
ATLETA	MOVIMIENTO
BÉISBOL	NADAR
BICICLETA	GIMNASIO
CAMPEONATO	EQUIPO
GIMNASIA	ESTADIO
JUGADOR	TENIS
JUEGO	GANADOR

19 - Giocattoli

```
R O M P E C A B E Z A S L C
B I C I C L E T A A Z Z I A
D O O P I N T U R A S C B M
X T C O E F Z Í K S O Q R I
H V H Z O J A V I Ó N W O Ó
B P E Y I L X V B Y Q T S N
A J E D R E Z S O N T F T P
R O B O T Z G E C R C T A V
C O M E T A Q B L N I C M C
O J U E G O S F V P Q T B B
O Z E S M U Ñ E C A K R O O
A R T E S A N Í A X Q E R L
I M A G I N A C I Ó N N E A
A R C I L L A Q T N L V S G
```

AVIÓN	JUEGOS
COMETA	IMAGINACIÓN
ARCILLA	LIBROS
ARTESANÍA	BOLA
COCHE	FAVORITO
MUÑECA	ROMPECABEZAS
BARCO	ROBOT
TAMBORES	AJEDREZ
BICICLETA	TREN
CAMIÓN	PINTURAS

20 - Uccelli

```
X  N  F  Z  M  P  S  I  E  G  H  C  T  N
C  H  M  D  Á  G  U  I  L  A  A  I  U  V
K  U  H  W  Z  L  G  E  J  N  L  G  C  L
S  H  C  N  Y  H  G  O  V  S  C  Ü  Á  X
Z  Y  L  O  M  G  C  F  R  O  Ó  E  N  G
I  O  Z  K  F  A  P  L  W  R  N  Ñ  L  A
G  Y  P  E  L  Í  C  A  N  O  I  A  Y  V
P  C  I  S  N  E  L  M  L  H  L  Ó  Í  I
A  X  N  J  K  H  U  E  V  O  M  O  N  O
T  R  G  A  R  Z  A  N  Z  X  M  P  J  T
O  V  Ü  L  O  R  O  C  M  J  G  A  K  A
R  I  I  C  P  A  V  O  R  E  A  L  Í  Í
Z  A  N  P  O  L  L  O  N  L  U  N  K  S
X  W  O  A  V  E  S  T  R  U  Z  P  D  M
```

GARZA	LORO
PATO	GORRIÓN
ÁGUILA	PAVO REAL
CIGÜEÑA	PELÍCANO
CISNE	PALOMA
CUCO	PINGÜINO
HALCÓN	POLLO
FLAMENCO	AVESTRUZ
GAVIOTA	TUCÁN
GANSO	HUEVO

21 - Giorni e Mesi

L	D	K	O	C	I	P	T	P	M	Q	V	D	D
U	Í	O	C	Z	A	B	R	I	L	D	I	Y	I
N	I	R	T	R	G	L	S	J	E	C	E	Z	C
E	O	M	U	J	U	C	E	U	T	U	R	G	I
S	W	I	B	P	R	N	O	N	O	J	N	U	E
T	E	É	R	N	E	W	Í	I	D	H	E	G	M
U	D	R	E	F	U	N	C	O	Q	A	S	S	B
L	Y	C	A	Ñ	O	F	E	B	R	E	R	O	R
J	D	O	M	I	N	G	O	R	T	J	Z	I	E
U	Z	L	J	Y	E	C	H	C	O	Í	B	E	O
L	S	E	M	A	N	A	G	O	S	T	O	M	P
I	Q	S	J	P	Z	P	M	A	R	T	E	S	Y
O	E	U	N	O	V	I	E	M	B	R	E	K	J
E	S	Á	B	A	D	O	S	K	P	F	S	V	Í

AGOSTO
AÑO
ABRIL
CALENDARIO
DICIEMBRE
DOMINGO
FEBRERO
ENERO
JUNIO
JULIO

LUNES
MARTES
MIÉRCOLES
MES
NOVIEMBRE
OCTUBRE
SÁBADO
SEMANA
VIERNES

22 - Casa

```
P  U  E  R  T  A  V  Í  O  Q  E  U  B  N
A  E  K  L  Á  M  P  A  R  A  H  L  Í  H
R  R  O  Q  T  H  V  Í  L  Y  Í  Í  I  G
E  G  E  E  I  U  O  C  D  L  S  Í  D  S
D  H  B  W  C  W  I  O  X  W  A  A  S  I
D  W  I  W  O  D  Z  C  L  L  A  V  E  S
H  A  B  I  T  A  C  I  Ó  N  D  F  E  B
P  X  L  H  W  K  J  N  G  A  R  A  J  E
C  H  I  M  E  N  E  A  E  S  C  O  B  A
P  G  O  T  E  C  H  O  R  C  P  P  R  Z
I  R  T  E  S  P  E  J  O  D  U  C  H  A
S  I  E  V  E  N  T  A  N  A  Í  Y  S  G
O  F  C  A  L  F  O  M  B  R  A  N  D  E
U  O  A  C  B  Q  D  T  F  Y  N  X  G  G
```

ÁTICO	LÁMPARA
BIBLIOTECA	PARED
HABITACIÓN	PISO
CHIMENEA	PUERTA
LLAVES	VALLA
COCINA	GRIFO
DUCHA	ESCOBA
VENTANA	ESPEJO
GARAJE	ALFOMBRA
JARDÍN	TECHO

23 - Ristorante #1

```
C D X R P I C A N T E P T C
P U A N W E A L T H T O A A
L A C F Í P J E W G J S Z M
Z S N H I I E R E L X T Ó A
A V T B I G R G S O E R N R
A C F O C L O I E L X E P E
N C F C R P L A T O Y Z W R
P O L L O E I O N M E N Ú A
F M Q V C B S M L S A L S A
U E O D O A J E C O C I N A
F R Y V M U B S R Í M V Z S
C A F É I U X H F V Q L R G
B V E Q D Q P L H C A R N E
J H B W A J E F V U D B R U
```

ALERGIA	POSTRE
CAFÉ	COMER
CAMARERA	MENÚ
CARNE	PAN
CAJERO	PLATO
COMIDA	PICANTE
TAZÓN	POLLO
CUCHILLO	RESERVA
COCINA	SALSA

24 - Fantascienza

```
O I A L I B R O S N S Í J P
Y R L T E C N O L O G Í A L
K E Á U Ó E Q U D X C W Z A
B A D C S M Í Z I E I Í A N
I L A G U I I X S X N U L E
N I R D R L Ó C T T E T L T
F S N Z A L O N O R W O R A
U T X M N C B T P E S P O C
E A M U N D O Í Í M T Í B I
G A L A X I A A A O B A O T
O J Y E X P L O S I Ó N T A
F U T U R I S T A Y C V S G
I M A G I N A R I O N K W S
M I S T E R I O S O G T H Í
```

ATÓMICO	LIBROS
CINE	MISTERIOSO
DISTOPÍA	MUNDO
EXPLOSIÓN	ORÁCULO
EXTREMO	PLANETA
FUEGO	REALISTA
FUTURISTA	ROBOTS
GALAXIA	TECNOLOGÍA
ILUSIÓN	UTOPÍA
IMAGINARIO	

25 - Città

```
F  S  A  L  B  B  F  E  M  W  X  U  G  V
L  U  C  I  H  A  X  Í  U  L  C  L  A  E
O  P  T  B  S  O  N  E  S  C  U  E  L  A
R  E  R  R  D  M  T  C  E  T  M  U  E  E
I  R  K  E  S  H  F  E  O  D  I  N  R  R
S  M  E  R  C  A  D  O  L  D  L  I  Í  O
T  E  X  Í  B  U  N  A  E  O  K  V  A  P
A  R  P  A  N  A  D  E  R  Í  A  E  E  U
C  C  L  Í  N  I  C  A  F  Y  T  R  S  E
I  A  F  A  R  M  A  C  I  A  I  S  T  R
N  D  C  A  L  B  O  A  J  R  E  I  A  T
E  O  E  X  Í  Z  Z  D  N  I  N  D  D  O
B  I  B  L  I  O  T  E  C  A  D  A  I  U
T  E  A  T  R  O  C  N  I  C  A  D  O  Z
```

AEROPUERTO	MERCADO
BANCO	MUSEO
BIBLIOTECA	TIENDA
CINE	PANADERÍA
CLÍNICA	ESCUELA
FARMACIA	ESTADIO
FLORISTA	SUPERMERCADO
GALERÍA	TEATRO
HOTEL	UNIVERSIDAD
LIBRERÍA	ZOO

26 - Virtù #1

```
U Í L A D E C I S I V O Ú E
A R T Í S T I C O A Í N T N
G B O K Q J L Q J D B F I C
A P A S I O N A D O Y I L A
I N T E L I G E N T E A O N
Y G P R Á C T I C O T B B T
L B E L I M P I O S Q L L A
V W H N X C H N P Í N E X D
P A C I E N T E X F U S D O
O R O C U R I O S O U O Í R
M Z P M Í I O M O D E S T O
C Y N N G D K S N Í Í H E N
G R A C I O S O O O R Í N O I
B I E N E F I C I E N T E B
```

ENCANTADOR	GENEROSO
FIABLE	INTELIGENTE
APASIONADO	MODESTO
ARTÍSTICO	PACIENTE
BIEN	PRÁCTICO
CURIOSO	LIMPIO
DECISIVO	SABIO
GRACIOSO	ÚTIL
EFICIENTE	

27 - Compleanno

```
I  R  O  G  R  A  N  J  B  D  D  Q  V  D
E  N  G  A  U  I  Í  Q  O  O  Í  I  E  I
S  D  V  P  A  S  T  E  L  V  A  D  L  V
P  S  Q  I  S  H  C  Í  G  W  E  Q  A  E
E  S  I  F  T  B  A  R  M  P  F  N  S  R
C  G  N  I  A  A  N  A  T  S  V  Q  M  S
I  L  L  R  R  T  C  F  E  L  I  Z  A  I
A  I  S  E  J  G  I  I  Z  S  F  J  M  Ó
L  K  C  G  E  Í  Ó  E  O  Y  R  S  I  N
A  Ñ  O  A  T  R  N  S  M  N  H  X  G  R
N  K  B  L  A  F  W  C  V  P  E  W  O  J
L  A  E  O  S  N  A  C  E  R  O  S  S  P
S  A  B  I  D  U  R  Í  A  X  L  I  V  P
V  N  N  X  P  P  A  L  E  G  R  E  C  A
```

AMIGOS	JOVEN
AÑO	GRAN
VELAS	INVITACIONES
CANCIÓN	NACER
TARJETAS	REGALO
DIVERSIÓN	SABIDURÍA
FELIZ	ESPECIAL
ALEGRE	TIEMPO
DÍA	PASTEL

28 - Fattoria #1

```
A X P O L L O B H J G N P I
K B G E N Q W U M V A L L A
W H E U R P V R I L T U V A
H K A J Y R F R E I O H N R
H E H P A R O O L X L X F F
N C N O P E L I S X O R E J
C S Z O Z B O O Q L Z X W Y
A E B J C A B A L L O Q Z D
M M P T G Ñ D M H Q V N A O
P I M C Í O F Í X C A B R A
O L U R Q Q C E V E C N R G
D L W D C V X E G R A F O U
P A G Z B J X D F D E X Z A
W S T E R N E R O O Í G Í R
```

AGUA
ABEJA
BURRO
CAMPO
PERRO
CABRA
CABALLO
HENO
GATO

REBAÑO
CERDO
MIEL
VACA
POLLO
VALLA
ARROZ
SEMILLAS
TERNERO

29 - Paesaggi

M	O	N	T	A	Ñ	A	L	D	E	A	D	H	D
A	T	J	M	K	Í	B	P	N	Z	H	J	U	I
G	L	A	C	I	A	R	C	L	O	J	K	L	U
W	N	P	A	N	T	A	N	O	A	A	S	N	G
T	B	C	S	L	G	Z	K	A	C	Y	S	H	L
D	U	Í	C	U	E	V	A	I	O	V	A	I	U
E	O	N	A	O	C	É	A	N	O	O	B	S	S
S	D	K	D	H	K	R	P	T	W	L	A	L	C
I	F	M	A	R	V	Í	Í	X	Í	C	P	A	O
E	L	J	V	Í	A	M	I	U	B	Á	L	M	L
R	Z	J	F	O	L	A	G	O	C	N	P	E	I
T	P	N	C	M	L	I	C	E	B	E	R	G	N
O	S	M	M	P	E	N	Í	N	S	U	L	A	A
X	M	Í	K	L	G	É	I	S	E	R	G	R	C

CASCADA	MAR
COLINA	MONTAÑA
DESIERTO	OASIS
RÍO	OCÉANO
GÉISER	PANTANO
GLACIAR	PENÍNSULA
CUEVA	PLAYA
ICEBERG	TUNDRA
ISLA	VALLE
LAGO	VOLCÁN

30 - Ristorante #2

```
A H U E V O S M W T G C A S
N L R Y Í Z O I J V A U G I
I E M J N L P V R P E C U L
A R B U C X A T U A S H A L
E P S B E B I D A S P A D A
V E E N N R T I B T E R E A
E S N R A Z Z Z R E C A L G
R C S O I P D O C L I B I K
D A A S A T E R T Z A B C G
U D L C F Y I H S S S C I G
R O A W W R S V Q G A M O D
A A D J K B U O O G L X S Y
S Í A G K B H T E N E D O R
C A M A R E R O A H I E L O
```

AGUA	ENSALADA
APERITIVO	SOPA
BEBIDA	PESCADO
CAMARERO	ALMUERZO
CENA	SAL
CUCHARA	SILLA
DELICIOSO	ESPECIAS
TENEDOR	PASTEL
FRUTA	HUEVOS
HIELO	VERDURAS

31 - Giardino

R J O I B M A L E Z A S N R
E S T A N Q U E L B E Z Á A
Z H I U E N Y Q S F L O R S
Q Í T Í C J S I F Y I H B T
H P K U N H U E R T O I O R
O H B F T P E Q D W E E L I
T R A M P O L Í N A R R P L
E L N M H V O Q T U A B U L
R F C O A R B U S T O A Z O
R V O V K C É S P E D Y J W
A Í A M I G A R A J E W B L
Z Y S L Z D M S L R M W Í Z
A D C U L F C J A R D Í N L
K O Y S X A M A N G U E R A

ÁRBOL	BANCO
HAMACA	CÉSPED
ARBUSTO	RASTRILLO
HIERBA	VALLA
MALEZAS	ESTANQUE
FLOR	SUELO
HUERTO	TERRAZA
GARAJE	TRAMPOLÍN
JARDÍN	MANGUERA
PALA	VID

32 - Frutta

```
A Z N I N M Z E H T Í M L E
G Z L W P E R A U N G E H Y
U Í M E L O C O T Ó N L A U
A L C T P L Á T A N O Ó H V
C T I L I M Ó N A R A N J A
A Z R X Ñ S F Í I R Q C Í Y
T M U K A Q Z E M Z I R M H
E O E S I C E R E Z A N P Z
B R L S I W O M T K C H A M
B A A U P R I L O W J G P A
G W Y F R A M B U E S A A N
B C M A N Z A N A J Í R Y G
A L B A R I C O Q U E V A O
U P M E U U P W E K J S H X
```

ALBARICOQUE	MANGO
PIÑA	MANZANA
NARANJA	MELÓN
AGUACATE	MORA
BAYA	NECTARINA
PLÁTANO	PAPAYA
CEREZA	PERA
KIWI	MELOCOTÓN
FRAMBUESA	CIRUELA
LIMÓN	UVA

33 - Fattoria #2

```
A G R I C U L T O R W R M P
T R I G O S T E O Z L N A A
A E I C A N E U C V Z H Í S
D N K E M K R Y N H E Y Z T
L N Y B G P R A D O E J F O
Í H P A T O H U E R T O A R
C O R D E R O R B L M W R G
O K K A A N I M A L E S Q R
L T R A C T O R X A R Q G A
M J E F T R E C O M I D A N
E D F F K A S P M A E F N E
N N Y M M D S I K I D U S R
A V K F R U T A Í J X L O O
B P H Í D T S C A W Y E S Z
```

CORDERO	RIEGO
AGRICULTOR	LLAMA
COLMENA	LECHE
PATO	MAÍZ
ANIMALES	GANSOS
COMIDA	CEBADA
GRANERO	PASTOR
FRUTA	OVEJA
HUERTO	PRADO
TRIGO	TRACTOR

34 - Dinosauri

```
L E M J O E N A M Z V D F E
O M N Í V O R O L C I E Ó S
P O R O C O L A K A X S S P
J R G G R A N D E R S A I E
O W E B V M Q Í Q N P P L C
Í D A H F V E F F Í O A E I
J T X K I R G C K V D R S E
P R E S A S I X K O E I X Z
R E P T I L T R K R R C Z Q
A X Q A X W X Ó R O O I H R
P D J M A M U T R K S Ó P A
T Í D A O E U Z D I O N W N
O R S Ñ T I E R R A C I V F
R Q S O H H E R B Í V O R O
```

ALAS	PODEROSO
CARNÍVORO	PRESA
COLA	PREHISTÓRICO
ENORME	RAPTOR
HERBÍVORO	REPTIL
FÓSILES	DESAPARICIÓN
GRANDE	ESPECIE
MAMUT	TAMAÑO
OMNÍVORO	TIERRA

35 - Verdure

```
Z A N A H O R I A F P B R U
A P I O Q B C A J O E R Á A
J C W T B N H T H E R Ó B Q
G E S P I N A C A S E C A F
U B N H J A L K H E J O N T
I O A G J B O R D T I L O O
S L P L I O T H S A L I P M
A L A E C B E R E N J E N A
N A T L P A R P P E Q O M T
T S A O W I C E H I Í B M E
E B T V B I N H S V C Y C F
M Í A D W Y A O O H T S Q P
E N S A L A D A X F C N T H
C A L A B A Z A G K A Z H D
```

AJO	GUISANTE
BRÓCOLI	TOMATE
ALCACHOFA	PEREJIL
ZANAHORIA	NABO
PEPINO	RÁBANO
CEBOLLA	CHALOTE
SETA	APIO
ENSALADA	ESPINACAS
BERENJENA	JENGIBRE
PATATA	CALABAZA

36 - Scuola #2

```
L  B  D  I  C  C  I  O  N  A  R  I  O  L
T  I  J  E  R  A  S  M  O  C  H  I  L  A
G  B  T  M  A  T  E  M  Á  T  I  C  A  L
F  L  H  E  A  I  V  K  W  K  G  A  U  I
L  I  Z  P  R  O  F  E  S  O  R  L  T  B
E  O  Z  A  P  A  T  O  S  G  A  E  O  R
C  T  H  P  F  X  T  Z  G  W  M  N  B  O
T  E  L  E  C  J  Í  U  H  J  Á  D  Ú  S
U  C  L  L  Y  Z  S  B  R  Q  T  A  S  Q
R  A  B  Á  K  Í  T  L  S  A  I  R  K  N
A  M  N  J  P  E  D  U  C  A  C  I  Ó  N
Y  L  Q  W  P  I  P  Q  S  A  A  O  A  K
J  U  E  G  O  S  Z  C  I  E  N  C  I  A
A  C  A  D  É  M  I  C  O  F  X  Í  Í  D
```

ACADÉMICO	PROFESOR
AUTOBÚS	LITERATURA
BIBLIOTECA	LECTURA
CALENDARIO	LIBROS
PAPEL	MATEMÁTICA
DICCIONARIO	LÁPIZ
EDUCACIÓN	ZAPATOS
TIJERAS	CIENCIA
JUEGOS	MOCHILA
GRAMÁTICA	

37 - Gentilezza

```
H O N E S T O Y G R C R L H
G E N E R O S O E E O D P O
A P A J Y I U W N C M J Í S
R F A M N T A T U E P J B P
X E E C I F V L I P A D H I
X L C C I S E J N T S T E T
T I C Í T E T X O I I O A A
S Z V I E U N O B V V L M L
A T E N T O O T S O O E O A
Ú H U R R E D S E O O R R R
T R E S P E T U O S O A O I
I C O M P R E N S I Ó N S O
L S M Z F I A B L E L T O M
V T A M M W I J E J O E E M
```

AFECTUOSO	GENEROSO
FIABLE	GENUINO
AMISTOSO	HONESTO
AMOROSO	HOSPITALARIO
ATENTO	PACIENTE
COMPASIVO	RECEPTIVO
COMPRENSIÓN	RESPETUOSO
SUAVE	TOLERANTE
FELIZ	ÚTIL

38 - Barbecue

```
Z C F A M I L I A W T T Y I
F Z A L M U E R Z O E L A N
I N S L S H M N I Z O F T V
C U C H I L L O S A L E O I
C D A J U E G O S F W B M T
V E R A N O N C O M I D A A
P N N Í B K W T U F Í K T C
I S H A M B R E E M R K E I
M A H E O S N T D M P U S Ó
I L L O D L Z Z B Ú O E T N
E A C E B O L L A S L J L A
N D I W V P A R R I L L A L
T A T U K U B Y N C O E D F
A S A L S A L H K A U L R P
```

CALIENTE	PARRILLA
CENA	ENSALADAS
COMIDA	INVITACIÓN
CEBOLLAS	MÚSICA
CUCHILLOS	PIMIENTA
VERANO	POLLO
HAMBRE	TOMATES
FAMILIA	ALMUERZO
FRUTA	SAL
JUEGOS	SALSA

39 - Riempire

```
A T T O M A L E T A Z Q W F
B F T Y C A R P E T A W G B
M C R T E D A B A R R I L C
B Z H X S M C H J Q T C Í A
B V L Q T X W A D V U U A J
I A N G A F X H T B B E N Ó
W M Ñ B O L S I L L O N T N
N C K E B A N D E J A C P E
S H X N R D M G C A J A O O
X K K S O A G U O Q A P R R
C U B O C X M L A I R T H H
I T P B O T E L L A R N T O
R U T R B O L S A R Ó J D T
M T P E C A R T Ó N N K B J
```

CUENCA	PAQUETE
BARRIL	CAJA
BOLSA	CUBO
BOTELLA	BOLSILLO
SOBRE	TUBO
CARPETA	MALETA
CARTÓN	BAÑERA
CAJÓN	JARRÓN
CESTA	BANDEJA

40 - Insetti

```
M W W M V L I B É L U L A A
A A T E R M I T A L A R V A
B E N M O S Q U I T O Q I V
E N P T F I C G N R Á V S I
J S A C I I S P Q B F I P S
A O P X U S H O R M I G A P
S U U E E C M W Y B D G M Ó
P O L I L L A S U B O U A N
C I G A R R A R Y P S S R M
W X A Í Í X A A A L U A I Q
M A R I Q U I T A C F N P G
E S C A R A B A J O H O O W
L A N G O S T A K I Z A S C
S A L T A M O N T E S D A G
```

ÁFIDO	LARVA
ABEJA	LIBÉLULA
AVISPÓN	LANGOSTA
SALTAMONTES	MANTIS
CIGARRA	PULGA
MARIQUITA	CUCARACHA
ESCARABAJO	TERMITA
POLILLA	GUSANO
MARIPOSA	AVISPA
HORMIGA	MOSQUITO

41 - Erboristeria

O	C	Z	A	V	V	E	B	Y	J	J	I	A	T
R	A	N	L	E	E	N	E	L	D	O	N	J	O
É	L	P	B	A	S	R	Q	W	A	X	G	O	M
G	I	Z	A	B	V	T	D	R	T	H	R	Q	I
A	D	H	H	H	X	A	R	E	M	Y	E	A	L
N	A	J	A	R	D	Í	N	A	B	N	D	R	L
O	D	T	C	O	M	P	Q	D	G	Y	I	O	O
M	Í	E	A	M	E	N	T	A	A	Ó	E	M	P
F	L	O	R	E	J	M	A	M	I	N	N	Á	E
K	K	S	C	R	O	Q	K	W	E	P	T	T	R
N	J	Z	V	O	R	N	M	T	D	L	E	I	E
C	U	L	I	N	A	R	I	O	L	B	W	C	J
P	S	O	H	I	N	O	J	O	J	J	N	O	I
S	K	A	Z	V	A	A	Z	A	F	R	Á	N	L

AJO
ENELDO
AROMÁTICO
ALBAHACA
CULINARIO
ESTRAGÓN
HINOJO
FLOR
JARDÍN
INGREDIENTE

LAVANDA
MEJORANA
MENTA
ORÉGANO
PEREJIL
CALIDAD
ROMERO
TOMILLO
VERDE
AZAFRÁN

42 - Danza

```
T  X  C  V  P  E  X  P  R  E  S  I  V  O
D  H  U  I  O  N  T  B  V  Y  A  S  P  G
C  P  L  S  S  O  V  F  N  L  R  I  V
C  H  T  U  T  A  A  U  P  L  T  J  T  T
A  G  U  A  U  Y  B  X  B  M  A  I  R  E
L  C  R  L  R  O  Í  C  H  U  R  L  I  C
E  R  A  E  A  C  L  Á  S  I  C  O  T  U
G  D  L  D  Q  J  D  Í  O  Z  U  P  M  E
R  V  N  X  E  I  H  X  C  S  T  Y  O  R
E  O  G  Í  E  M  O  C  I  Ó  N  H  I  P
G  R  A  C  I  A  I  F  O  Z  S  O  A  O
C  U  L  T  U  R  A  A  M  Ú  S  I  C  A
Q  Y  H  B  M  O  V  I  M  I  E  N  T  O
T  R  A  D  I  C  I  O  N  A  L  E  O  F
```

ACADEMIA	GRACIA
ARTE	MOVIMIENTO
CLÁSICO	MÚSICA
SOCIO	POSTURA
CUERPO	ENSAYO
CULTURA	RITMO
CULTURAL	SALTAR
EMOCIÓN	TRADICIONAL
EXPRESIVO	VISUAL
ALEGRE	

43 - Scuola #1

```
R E S P U E S T A S R E L A
N Ú M E R O S Í P P P S Á K
B I B L I O T E C A Z C P I
A U L A P Í F C G P S R I F
A L K E X Á M E N E S I Z P
L M M K L Q V S S L Y T E L
F L I U Q V U I I O I O X U
A I G G E O G L A I R R A M
B B X B O R R L B Í E I M A
E R P P O S Z A D O Í O E S
T O B O U J H O Y Y S R N M
O S I M A T E M Á T I C A E
M A R C A D O R E S L L X P
T K C A R P E T A S Q S B S
```

ALFABETO	MATEMÁTICA
AMIGOS	LÁPIZ
AULA	NÚMEROS
BIBLIOTECA	PLUMAS
PAPEL	ALMUERZO
CARPETAS	EXAMEN
EXÁMENES	RESPUESTAS
PROFESOR	ESCRITORIO
LIBROS	SILLA
MARCADORES	

44 - Fiori

```
H A M A P O L A Í G N A Y Q
O I V R U Y I P E O N Í A L
R Í B O S J R A É Z I E W I
Q Q I I L Z I Q N T G Y O R
U T N C S I O L A V A N D A
Í R A M O C L Y R Q R L O P
D É J A E T O A C P D R O L
E B A G A D V B I V E H T U
A O Z N T R E H S E N K U M
B L M O C E D D O J I Y L E
S U Í L C W R O S A A Í I R
Í F N I G I R A S O L L P I
W U P A S I O N A R I A Á A
M A R G A R I T A U R A N R
```

GARDENIA	NARCISO
JAZMÍN	ORQUÍDEA
LIRIO	AMAPOLA
GIRASOL	PASIONARIA
HIBISCO	PEONÍA
LAVANDA	PÉTALO
LILA	PLUMERIA
MAGNOLIA	ROSA
MARGARITA	TRÉBOL
RAMO	TULIPÁN

45 - Ecologia

```
C V C D I W D T S Q H F L C
S A E O I I W A N L Á L E J
I R C G M V J Z U L B M M J
N I E G E U E S S U I S A O
A E T P Í T N R P S T E R P
T D C L I M A I S K A Q I A
U A F A U N A C D I T U N N
R D L N E Y E Q I A D Í O T
A D O T S M S N Q Ó D A C A
L V R A P Z N A Q Y N E D N
E M A S E N A T U R A L S O
Z B J N C G L O B A L N S H
A Í V B I E R E C U R S O S
S O S T E N I B L E Y F E Í
```

CLIMA
COMUNIDADES
DIVERSIDAD
FAUNA
FLORA
GLOBAL
HÁBITAT
MARINO
NATURALEZA

NATURAL
PANTANO
PLANTAS
RECURSOS
SEQUÍA
SOSTENIBLE
ESPECIE
VARIEDAD
VEGETACIÓN

46 - Discipline Scientifiche

```
T N E U R O L O G Í A R S L
E P S I C O L O G Í A D O I
R M Q U Í M I C A E O A C N
M E T E O R O L O G Í A I G
O C E Q X B O P Í H A O O Ü
D Á F I S I O L O G Í A L Í
I N M U N O L O G Í A Q O S
N I C N E L Q E O J D P G T
Á C W E C O L O G Í A T Í I
M A Í G C G P Q Í C T G A C
I O U X G Í G E O L O G Í A
C M G E X A N A T O M Í A R
A B I O Q U Í M I C A F U D
U A S T R O N O M Í A M G E
```

ANATOMÍA	INMUNOLOGÍA
ASTRONOMÍA	LINGÜÍSTICA
BIOQUÍMICA	MECÁNICA
BIOLOGÍA	METEOROLOGÍA
QUÍMICA	NEUROLOGÍA
ECOLOGÍA	PSICOLOGÍA
FISIOLOGÍA	SOCIOLOGÍA
GEOLOGÍA	TERMODINÁMICA

47 - Scienza

```
O M O L É C U L A S F M H G
R B Y R L P J U D Z Ó É E R
G G S T T K L D X A S C A
A D Á E W A M U T O I O H V
N A T U R A L E Z A L D O E
I T O Q U V C L I M A O Q D
S O M J P S A A Y H N F P A
M S O F Í S I C A L Q V N D
O G I E X P E R I M E N T O
E V O L U C I Ó N Ó E R V M
H I P Ó T E S I S M N P K U
G G M I N E R A L E S H K I
Y Y V T Q Í W Q U Í M I C O
P A R T Í C U L A S E L Z D
```

ÁTOMO	GRAVEDAD
QUÍMICO	HIPÓTESIS
CLIMA	MÉTODO
DATOS	MINERALES
EXPERIMENTO	MOLÉCULAS
EVOLUCIÓN	NATURALEZA
HECHO	ORGANISMO
FÍSICA	OBSERVACIÓN
FÓSIL	PARTÍCULAS

48 - Acqua

```
H U M E D A D M D U C H A H
I L H Í G U V P O T A B L E
E N H E C A N A L N V R X N
L R U B L Z A N A Í Z U E I
O I R N Q A F Y G H W Ó C E
L E A U D V D Í O U S U N V
Í G C K Q A O A L K G J T E
G O Á B W R C V A P O R I M
Q J N L D Í É I S M O S J N
H Ú M E D O A O Ó S D J A J
L L U V I A N W O N Q H I X
G É I S E R O P Q I E E Z R
E V A P O R A C I Ó N T G J
F F M I J W Y S U C Í I G J
```

INUNDACIÓN	MONZÓN
CANAL	NIEVE
DUCHA	OCÉANO
EVAPORACIÓN	OLAS
RÍO	LLUVIA
HELADA	POTABLE
GÉISER	HUMEDAD
HIELO	HÚMEDO
RIEGO	HURACÁN
LAGO	VAPOR

49 - Gatti

```
P A T A S P G A R R A S C U
L Z M M A O N W C L C H J D
T O D H L C G R A C I O S O
I L H I V O R C Z L Q B H D
H J C N A G A W A E F N Z K
I R U H J I T E D O R M I R
L L E G E L Ó X O X I W O F
O X J E U C N L R O W I G L
I N D E P E N D I E N T E O
D G V B J Q T T Z Y C X B C
T Í M I D O U Ó R Á P I D O
C U R I O S O A N W I T P O
H A F E C T U O S O E H L W
H G P C O L A Y K K L Z L T
```

AFECTUOSO	INDEPENDIENTE
GARRA	LOCO
CAZADOR	PIEL
COLA	POCO
CURIOSO	SALVAJE
GRACIOSO	TÍMIDO
DORMIR	RATÓN
HILO	RÁPIDO
JUGUETÓN	PATA

50 - Surf

```
A P R I N C I P I A N T E M
V T C L I M A Z B O H W J U
E P L A Y A R B X U C D S L
L F U E R Z A D N C W A H T
O H E K T A S A P A O V G I
C J T Í I A C F Y M D R W T
I E S P U M A V P P I A C U
D E S T Ó M A G O E V H R D
A C I T D Í D K P Ó E N O E
D F N N I U B S U N R O C S
K L G B D L V I L E S P I H
Q L W R E M O L A Y I M A U
A R R E C I F E R W Ó C R J
E X T R E M O C É A N O A Z
```

ATLETA	REMO
CAMPEÓN	POPULAR
DIVERSIÓN	PRINCIPIANTE
EXTREMO	ESPUMA
MULTITUDES	ARRECIFE
FUERZA	PLAYA
CLIMA	ROCIAR
NADAR	ESTILO
OCÉANO	ESTÓMAGO
OLA	VELOCIDAD

51 - Imbarcazioni

```
N  Á  U  T  I  C  O  A  C  A  N  O  A  M
T  V  Q  I  Z  K  Í  G  N  N  T  T  O  X
R  E  F  Í  H  A  E  B  R  C  Q  W  Z  Y
I  L  M  N  F  Y  N  O  F  M  L  A  G  O
P  E  M  A  E  A  B  Y  A  T  E  A  R  H
U  R  Y  R  R  K  M  A  R  I  N  E  R  O
L  O  B  E  R  E  M  O  T  O  R  O  O  B
A  D  E  C  Y  M  A  D  Z  L  A  O  C  A
C  M  A  R  U  F  Í  C  S  G  I  D  É  L
I  E  C  B  M  E  M  Á  S  T  I  L  A  S
Ó  Í  W  G  A  E  R  V  M  P  X  P  N  A
N  N  B  W  N  J  A  D  Q  R  J  X  O  W
J  Q  Q  Í  O  L  A  S  A  Í  F  X  O  Y
W  X  Q  D  K  F  L  O  R  O  A  L  Y  N
```

MÁSTIL	MAR
ANCLA	MAREA
VELERO	MARINERO
BOYA	MOTOR
CANOA	NÁUTICO
CUERDA	OCÉANO
TRIPULACIÓN	OLAS
RÍO	FERRY
KAYAK	YATE
LAGO	BALSA

52 - Api

```
P  C  M  U  N  P  A  W  B  H  A  Y  M  A
R  O  X  I  F  Z  Q  N  E  Á  I  Q  Y  P
B  M  L  D  E  L  L  T  N  B  N  F  A  G
E  I  T  E  S  L  O  S  E  I  S  J  C  Z
O  D  H  T  N  U  B  R  F  T  E  A  A  W
C  A  H  U  M  O  K  V  I  A  C  R  L  C
E  N  J  A  M  B  R  E  C  T  T  D  A  O
R  P  L  A  N  T  A  S  I  V  O  Í  S  L
A  F  L  O  R  E  S  T  O  L  O  N  D  M
G  U  Q  D  I  V  E  R  S  I  D  A  D  E
G  N  W  H  Q  A  R  E  O  O  N  H  N  N
K  K  F  E  C  O  S  I  S  T  E  M  A  A
F  R  U  T  A  F  O  N  J  I  B  W  U  U
I  I  Q  W  F  N  L  A  N  W  O  E  P  W
```

ALAS	HUMO
COLMENA	JARDÍN
BENEFICIOSO	HÁBITAT
CERA	INSECTO
COMIDA	MIEL
DIVERSIDAD	PLANTAS
ECOSISTEMA	POLEN
FLORES	REINA
FLOR	ENJAMBRE
FRUTA	SOL

53 - Conservazione

```
R  C  O  N  T  A  M  I  N  A  C  I  Ó  N
F  E  D  U  C  A  C  I  Ó  N  C  S  P  A
J  C  D  D  O  G  I  C  U  C  L  O  R  T
B  O  U  U  F  U  C  T  H  A  I  S  E  U
H  S  P  O  C  A  L  L  Z  M  M  T  O  R
A  I  G  E  R  I  O  V  F  B  A  E  C  A
M  S  I  C  S  G  R  S  U  I  A  N  U  L
B  T  H  C  Q  T  Á  W  B  O  J  I  P  V
I  E  Á  N  B  Í  I  N  H  S  O  B  A  T
E  M  B  N  H  V  N  C  I  T  P  L  C  O
N  A  I  N  B  E  H  T  I  C  I  E  I  T
T  D  T  K  J  R  C  O  Z  D  O  L  Ó  O
A  S  A  L  U  D  V  F  N  Z  A  B  N  R
L  W  T  N  R  E  C  I  C  L  A  R  I  G
```

AGUA	NATURAL
AMBIENTAL	ORGÁNICO
CAMBIOS	PESTICIDA
CICLO	PREOCUPACIÓN
CLIMA	RECICLAR
ECOSISTEMA	REDUCIR
EDUCACIÓN	SALUD
HÁBITAT	SOSTENIBLE
CONTAMINACIÓN	VERDE

54 - Strumenti Musicali

```
T U I G G T R O M P E T A F
F P M Z U U U G S O S H T L
R E R M S T I R N B Í X R A
L V Q Z H A A T O O C R O U
G A B H N M X J A E L M M T
G O N G P B J O Z R A Y B A
P I A N O O J Z F Y R B Ó D
P A N D E R E T A Ó I A N S
P E R C U S I Ó N O N N C L
Q M A R I M B A P M E J E M
Y Q I A V I O L Í N T O X V
H J N F R P E G B X E X P D
F A G O T P A R M Ó N I C A
J Z C X E M A N D O L I N A
```

ARMÓNICA	OBOE
ARPA	PERCUSIÓN
BANJO	PIANO
GUITARRA	SAXOFÓN
CLARINETE	PANDERETA
FAGOT	TAMBOR
FLAUTA	TROMPETA
GONG	TROMBÓN
MANDOLINA	VIOLÍN
MARIMBA	

55 - Professioni #2

```
W  L  B  A  S  T  R  O  N  A  U  T  A  D
B  I  I  N  V  E  S  T  I  G  A  D  O  R
U  L  B  N  Z  O  Ó  L  O  G  O  F  T  S
X  U  L  F  G  Z  R  B  I  Ó  L  O  G  O
D  S  I  I  Z  Ü  P  G  M  R  D  T  I  P
E  T  O  L  B  V  I  V  B  C  P  Ó  N  E
N  R  T  Ó  D  U  N  S  F  F  I  G  V  R
T  A  E  S  N  J  T  K  T  Í  L  R  E  I
I  D  C  O  S  Q  O  Q  T  A  O  A  N  O
S  O  A  F  T  B  R  M  L  W  T  F  T  D
T  R  R  O  M  É  D  I  C  O  O  O  O  I
A  C  I  N  G  E  N  I  E  R  O  E  R  S
R  J  O  Y  J  A  R  D  I  N  E  R  O  T
Y  R  C  L  E  C  I  R  U  J  A  N  O  A
```

ASTRONAUTA	ILUSTRADOR
BIBLIOTECARIO	INGENIERO
BIÓLOGO	INVENTOR
CIRUJANO	LINGÜISTA
DENTISTA	MÉDICO
FILÓSOFO	PILOTO
FOTÓGRAFO	PINTOR
JARDINERO	INVESTIGADOR
PERIODISTA	ZOÓLOGO

56 - Letteratura

```
A  N  É  C  D  O  T  A  U  T  O  R  C  F
T  R  A  G  E  D  I  A  V  B  P  I  O  W
A  N  A  L  O  G  Í  A  M  I  I  T  N  M
C  A  O  D  G  É  N  E  R  O  N  M  C  E
D  O  N  M  A  M  A  D  V  G  I  O  L  T
I  M  M  Á  Í  P  B  J  Y  R  Ó  M  U  Á
Á  E  R  P  L  U  O  F  T  A  N  F  S  F
L  R  E  Y  A  I  H  E  E  F  K  P  I  O
O  N  W  V  Í  R  S  M  M  Í  V  O  Ó  R
G  P  H  Í  F  W  A  I  A  A  J  É  N  A
O  N  O  V  E  L  A  C  S  X  D  T  Y  B
H  B  X  O  J  E  S  T  I  L  O  I  Y  P
D  D  J  R  I  M  A  C  W  Ó  A  C  H  L
D  E  S  C  R  I  P  C  I  Ó  N  O  I  V
```

ANÁLISIS	METÁFORA
ANALOGÍA	OPINIÓN
ANÉCDOTA	POEMA
AUTOR	POÉTICO
BIOGRAFÍA	RIMA
CONCLUSIÓN	RITMO
COMPARACIÓN	NOVELA
DESCRIPCIÓN	ESTILO
DIÁLOGO	TEMA
GÉNERO	TRAGEDIA

57 - Cibo #2

```
W  H  Y  T  U  P  E  S  C  A  D  O  H  A
O  U  O  R  V  P  L  U  T  O  X  A  U  D
B  G  G  I  A  O  B  Á  E  K  T  R  E  L
Q  E  U  G  P  L  V  R  T  J  G  R  V  V
U  G  R  O  I  L  N  K  Ó  A  G  O  O  O
E  M  K  E  O  O  X  L  V  C  N  Z  I  C
S  C  H  A  N  S  D  P  J  T  O  O  B  F
O  R  D  N  M  J  A  M  Ó  N  I  L  K  K
F  T  D  T  P  C  E  P  A  A  S  Y  I  Í
M  A  N  Z  A  N  A  N  P  J  O  Y  W  N
T  N  T  B  Y  T  O  M  A  T  E  W  I  F
C  E  R  E  Z  A  C  W  N  T  J  Q  T  S
S  E  T  A  B  C  H  O  C  O  L  A  T  E
Í  I  A  V  E  R  K  V  A  N  A  T  L  J
```

PLÁTANO	PAN
BRÓCOLI	PESCADO
CEREZA	POLLO
CHOCOLATE	TOMATE
QUESO	JAMÓN
SETA	ARROZ
TRIGO	APIO
KIWI	HUEVO
MANZANA	UVA
BERENJENA	YOGUR

58 - Nutrizione

```
V  H  U  F  C  N  U  T  R  I  E  N  T  E
R  K  V  A  O  Í  U  Í  D  I  E  T  A  O
Z  F  E  R  M  E  N  T  A  C  I  Ó  N  V
K  E  D  C  E  A  P  E  S  O  O  D  A  N
S  Q  A  A  S  V  R  A  P  E  T  I  T  O
A  U  S  L  T  I  O  G  N  C  T  G  I  T
L  I  A  I  I  T  T  H  O  A  O  E  Í  Z
S  L  L  D  B  A  E  V  N  L  X  S  S  X
A  I  U  A  L  M  Í  C  J  O  I  T  O  L
E  B  D  D  E  I  N  K  C  R  N  I  N  U
M  R  A  B  K  N  A  X  B  Í  A  Ó  K  Z
B  A  B  X  A  A  S  V  A  A  D  N  V  S
U  D  L  Í  Q  U  I  D  O  S  A  L  U  D
I  O  E  S  P  E  C  I  A  S  X  A  H  Y
```

AMARGO	PESO
APETITO	PROTEÍNAS
EQUILIBRADO	CALIDAD
CALORÍAS	SALSA
COMESTIBLE	SALUD
DIETA	SALUDABLE
DIGESTIÓN	ESPECIAS
FERMENTACIÓN	TOXINA
LÍQUIDOS	VITAMINA
NUTRIENTE	

59 - Matematica

```
L D A C Í X R Í A Z D P A P
P J K N U B D A M R U O E A
D O P X Z A T J D Y D L X R
Q A Y A Y R D A D I Y Í P A
O Q S I M E T R Í A O G O L
Á N G U L O S I A F G O N E
F N R L S T S T P D E N E L
T R G L D M S M A I O O N O
O E A X M F U É R V M Z T G
B B N C Z V M T A I E L E R
A D R P C F A I L S T Z F A
T G D L I I U C E I R V I M
I G W R U A Ó A L Ó Í N Y O
D E C I M A L N O N A H G X
```

ÁNGULOS	PARALELO
ARITMÉTICA	PARALELOGRAMO
DECIMAL	POLÍGONO
DIVISIÓN	CUADRADO
EXPONENTE	RADIO
FRACCIÓN	SIMETRÍA
GEOMETRÍA	SUMA

60 - Vacanza #1

```
R  H  S  P  L  H  F  T  M  C  C  U  Q  I
R  E  L  A  A  H  W  U  R  U  Y  O  I  T
M  B  L  R  G  R  L  R  L  A  R  P  Z  I
O  O  U  A  O  V  Q  I  W  A  N  C  Z  N
C  M  Q  G  J  M  U  S  E  O  W  V  N  E
H  O  M  U  I  A  M  T  P  O  K  K  Í  R
I  N  U  A  Q  G  C  A  V  I  Ó  N  M  A
L  E  O  S  G  N  B  I  L  L  E  T  E  R
A  D  U  A  N  A  A  T  Ó  U  C  Q  P  I
S  A  C  O  C  H  E  D  G  N  Q  Z  A  O
J  Z  X  I  R  X  U  M  A  L  E  T  A  Q
S  A  L  I  D  A  H  P  E  R  A  I  P  K
Q  Í  K  E  X  P  E  D  I  C  I  Ó  N  N
N  P  F  S  Í  M  I  G  M  V  X  L  P  M
```

AVIÓN	PARAGUAS
IR	SALIDA
COCHE	RELAJACIÓN
BILLETE	EXPEDICIÓN
ADUANA	TRANVÍA
ITINERARIO	TURISTA
LAGO	MALETA
MUSEO	MONEDA
NADAR	MOCHILA

61 - Meditazione

```
M W V E R N P A Z L P A O S
E Ú B D E Q E Í M I O C B I
N G S M M Y R W O V S E S L
T R C I O C S F V D T P E E
A A U Q C L P O I F U T R N
L T P U I A E S M P R A V C
P I J U O R C M I R A C A I
S T A T N I T A E H Y I C O
Í U V X E D I V N N J Ó I C
P D B F S A V Z T N T N Ó A
M Z B O N D A D O X C E N L
N A T U R A L E Z A N X M M
C O M P A S I Ó N R V T T A
A T E N C I Ó N X Q Y H G R
```

ACEPTACIÓN	MENTE
ATENCIÓN	MOVIMIENTO
CALMA	MÚSICA
CLARIDAD	NATURALEZA
COMPASIÓN	OBSERVACIÓN
EMOCIONES	PAZ
BONDAD	POSTURA
GRATITUD	PERSPECTIVA
MENTAL	SILENCIO

62 - Estate

```
V A R E C U E R D O S H V A
I M E T E M Z B U C E O A L
A I L I B R O S J W E G C E
J G A P L A Y A X U Y A A G
E O J C A M P I N G E R C R
T S A A A Í Í J F K S G I Í
I S C P R C L V A D T R O A
G S I Z M D Q Z M Í R Í N S
R B Ó Q A T Í V I W E X E N
Z C N D R S Q N L E L A S M
O I X N M R O S I P L B I I
C O M I D A G O A A A I I Q
I C B H H M H W M Ú S I C A
O S A N D A L I A S V Y Í W
```

AMIGOS	MAR
CAMPING	MÚSICA
HOGAR	RECUERDOS
COMIDA	RELAJACIÓN
FAMILIA	SANDALIAS
JARDÍN	PLAYA
JUEGOS	ESTRELLAS
ALEGRÍA	OCIO
BUCEO	VACACIONES
LIBROS	VIAJE

63 - Escursionismo

```
D  W  F  Í  G  Q  S  F  G  D  X  Y  Z  N
R  C  N  C  G  L  C  A  M  P  I  N  G  A
C  A  N  S  A  D  O  C  L  M  A  K  U  T
M  O  N  T  A  Ñ  A  Í  A  V  C  B  Í  U
S  O  L  P  R  S  H  V  N  M  A  P  A  R
O  R  I  E  N  T  A  C  I  Ó  N  J  S  A
Z  K  I  S  B  Y  E  U  M  N  T  A  E  L
P  J  X  A  O  U  G  M  A  E  I  G  C  E
C  A  J  D  T  D  Y  B  L  U  L  H  R  Z
H  L  R  O  A  E  X  R  E  L  A  G  U  A
L  R  I  Q  S  Í  T  E  S  W  D  Z  D  L
D  E  Y  M  U  U  X  G  H  X  O  R  D  Y
D  W  T  Í  A  E  P  I  E  D  R  A  S  I
S  E  T  P  X  Q  S  Y  V  P  H  G  W  Í
```

AGUA	PARQUES
ANIMALES	PESADO
CAMPING	PIEDRAS
CLIMA	ACANTILADO
GUÍAS	SALVAJE
MAPA	SOL
MONTAÑA	CANSADO
NATURALEZA	BOTAS
ORIENTACIÓN	CUMBRE

64 - Professioni #1

```
E N F E R M E R A H E Y F F
M Ú S I C O E D I T O R A O
Y E Í E A A B O G A D O R N
I A N Í Z P J Í E P Í I M T
U Q H T A P I A N I S T A A
E G D X D I P S T P B B C N
U M S N O M S T R S A A É E
J A B B R C P R E I I N U R
X A N A T J Z Ó N C L Q T O
C V T D J B D N A Ó A U I C
D M D B T A K O D L R E C L
J O Y E R O D M O O Í R O M
A R T I S T A O R G N O X F
G E Ó L O G O U R O O V Z U
```

ENTRENADOR	FARMACÉUTICO
EMBAJADOR	GEÓLOGO
ARTISTA	JOYERO
ASTRÓNOMO	FONTANERO
ABOGADO	ENFERMERA
BAILARÍN	MÚSICO
BANQUERO	PIANISTA
CAZADOR	PSICÓLOGO
EDITOR	

65 - Antartide

```
G  I  Y  C  X  O  X  N  C  S  A  G  U  A
Í  L  S  G  E  O  G  R  A  F  Í  A  B  S
O  B  A  L  L  E  N  A  S  C  R  S  A  W
X  Z  Y  C  A  H  I  E  L  O  M  W  H  M
K  H  F  S  I  S  T  M  P  N  R  E  Í  I
M  I  N  E  R  A  L  E  S  U  L  C  A  G
V  E  X  P  L  O  R  A  C  I  Ó  N  G  R
F  U  K  T  E  M  P  E  R  A  T  U  R  A
R  O  C  O  S  O  G  B  S  C  D  E  T  C
I  N  V  E  S  T  I  G  A  D  O  R  N  I
P  F  C  I  E  N  T  Í  F  I  C  O  U  Ó
T  G  K  P  E  N  Í  N  S  U  L  A  B  N
C  O  N  S  E  R  V  A  C  I  Ó  N  E  Z
E  X  P  E  D  I  C  I  Ó  N  C  R  S  T
```

AGUA	MIGRACIÓN
BAHÍA	MINERALES
BALLENAS	NUBES
CONSERVACIÓN	PENÍNSULA
EXPLORACIÓN	INVESTIGADOR
GEOGRAFÍA	ROCOSO
GLACIARES	CIENTÍFICO
HIELO	EXPEDICIÓN
ISLAS	TEMPERATURA

66 - Libri

```
U G P P T L N Q Í H N C N C
Z B O Á E R I O V A O O A H
S Y E G B R Á N Í W V N R I
K A S I P U T G X C E T R S
K A Í N V M D I I G L E A T
S V A A U T O R N C A X D O
D E P O P E Y A H E O T O R
U N R E S C R I T O N O R I
A T H I S T Ó R I C O T B A
L U Í L E C T O R G Z E E S
I R L I T E R A R I O S G O
D A I N V E N T I V O I R D
A C O L E C C I Ó N O U M Í
D H U M O R Í S T I C O L B
```

AUTOR	PÁGINA
AVENTURA	POESÍA
COLECCIÓN	PERTINENTE
CONTEXTO	NOVELA
DUALIDAD	ESCRITO
EPOPEYA	SERIE
INVENTIVO	HISTORIA
LITERARIO	HISTÓRICO
LECTOR	TRÁGICO
NARRADOR	HUMORÍSTICO

67 - Geografia

```
L O E S T E N M W O R C N M
O P J K C O N T I N E N T E
N Z C L V N R Í X L G M M R
G V K R C S T S R O I A S I
I N O R T E U S A R Ó L C D
T S R M A P A R D X N V C I
U Í Í P A Í S M O N T A Ñ A
D R O N L R C L E U R Q D N
A W F H T M I S L A T Í X O
L V H Y I S U N J D G I C N
O V E A T U D N I V Í G F I
F I T P U W A L D U B Z Í Q
W H U H D Y D S P O F Q Z S
F D A T L A S L A T I T U D
```

ALTITUD	MAR
ATLAS	MERIDIANO
CIUDAD	MUNDO
CONTINENTE	MONTAÑA
RÍO	NORTE
ISLA	OESTE
LATITUD	PAÍS
LONGITUD	REGIÓN
MAPA	SUR

68 - Cibo #1

```
E  S  P  I  N  A  C  A  S  A  L  T  M  C
A  P  Z  Í  V  D  K  B  E  N  F  L  P  E
A  L  E  D  Z  A  N  A  H  O  R  I  A  B
Z  Y  B  R  B  T  Í  J  D  A  E  M  S  A
Ú  Í  J  A  A  Ú  N  O  E  R  S  Ó  T  D
C  M  C  U  H  N  N  A  B  O  A  N  E  A
A  W  A  S  G  A  Q  U  T  C  J  S  L  L
R  I  N  Z  Í  O  C  E  B  O  L  L  A  E
V  Í  E  S  Q  J  A  A  Í  Q  K  M  C  C
L  S  L  M  P  F  R  G  A  X  I  X  C  H
J  S  A  S  O  A  N  M  E  N  T  A  O  E
P  M  S  H  H  G  E  W  O  P  L  Z  N  W
E  N  S  A  L  A  D  A  U  O  D  I  J  W
L  R  U  Í  J  H  W  L  X  B  L  A  D  J
```

AJO	MENTA
ALBAHACA	CEBADA
CANELA	PERA
CARNE	NABO
ZANAHORIA	SAL
CEBOLLA	ESPINACAS
FRESA	JUGO
ENSALADA	ATÚN
LECHE	PASTEL
LIMÓN	AZÚCAR

69 - Aeroplani

```
K Y A V A S Í X A I R E N D
C F J T M V K A H L L C A E
H I D R Ó G E N O J J H V S
P X E A F L V N O G B Q E C
C C E L D G O H T L M A G E
P M O T O R Q I R U E F A N
U A P U G F E S A J R Y R S
G O S R U F U T P I Í A A O
I B T A Y L A O G L O B O L
T P F A J D I R E C C I Ó N
K C Z G Z E P I L O T O V H
I Q E R P G R A Y F O X K K
A L T I T U D O J B F A J Y
A T E R R I Z A J E V Q C X
```

ALTURA	HIDRÓGENO
ALTITUD	MOTOR
AIRE	NAVEGAR
ATERRIZAJE	GLOBO
AVENTURA	PASAJERO
CIELO	PILOTO
DIRECCIÓN	HISTORIA
DESCENSO	

70 - Pirati

```
G D E Q W I L O R O O M R O
Z L G S X A S Q O R Z V C I
B O M A P A Q L N O Í W T S
P L A Y A A B B A N D E R A
Z T L Q V K D S V H O P I L
E I O O N W I A E I Q E P N
N X J V C G C N N X D L U B
U C P Z M Í I C T P Z I L S
O T T N O H C L U A D G A L
L E Y E N D A A R E D R C V
D S D Z E I T W A Y V O I A
T O U Z D B R Ú J U L A Ó G
R R E T A S I S B T H Z N I
P O J U S Í Z C A P I T Á N
```

ANCLA	LEYENDA
AVENTURA	MAPA
BANDERA	MONEDAS
BRÚJULA	ORO
CAPITÁN	LORO
MALO	PELIGRO
CICATRIZ	RON
TRIPULACIÓN	ESPADA
CUEVA	PLAYA
ISLA	TESORO

71 - Colori

```
M C N E G R O X Í D A U V A
A A A U A O P V P V O F B M
G R R M E J Ú Í D E P Z V A
E M A D E O R K N R N G F R
N E N S L M P H Z D X E S I
T S J U S A U A B E I G E L
A Í A A E R R I L W I G S L
F E A Z U R A U A I P Í O O
V U X U N Ó E R N R O S A X
G W C L C N A P C S R S T N
F I S S E P I A O I M Q B Z
G R I S I N A X P J A X U X
F H H W Z A W Q F A G N S L
S P F R Í K Y L N Y E H J D
```

NARANJA	ÍNDIGO
AZUR	MAGENTA
BEIGE	MARRÓN
BLANCO	NEGRO
AZUL	ROSA
CIAN	ROJO
CARMESÍ	SEPIA
FUCSIA	VERDE
AMARILLO	PÚRPURA
GRIS	

72 - Spiaggia

```
M A R R L Y B D C F O V E Í
B Z R Z I P A R A G U A S B
C U S R W A R C Í N T C O A
G L A C E Q C Q G O U A L E
B W N Q A C O T T C I C A V
N O D X H N I M O É S I G E
T O A L L A G F O A L O U L
O S L X D C A R E N A N N E
B C I E B A E K E O R E A R
U X A P U U O R D J D S W O
R Y S H G Q E Q O U O O G C
C O S T A N A D A R K G H G
J T G Y O Y H I F Y J H S S
A P X L N V L D M W L Y P Z
```

TOALLA
BARCO
VELERO
AZUL
COSTA
CANGREJO
ISLA
LAGUNA
MAR

NADAR
OCÉANO
PARAGUAS
ARENA
SANDALIAS
ARRECIFE
SOL
VACACIONES

73 - Avventura

```
Y  E  V  A  L  E  N  T  Í  A  E  K  U  E
P  E  L  I  G  R  O  S  O  Z  W  O  A  X
S  O  R  P  R  E  N  D  E  N  T  E  Z  C
P  L  Y  G  A  C  T  I  V  I  D  A  D  U
A  X  W  U  S  Í  A  T  I  E  D  N  N  R
C  L  B  S  E  Í  M  I  D  N  I  A  A  S
B  G  E  N  G  R  I  N  E  T  F  T  V  I
E  V  A  G  U  D  G  E  S  U  I  U  E  Ó
L  I  D  S  R  E  O  R  T  S  C  R  G  N
L  A  L  F  I  Í  S  A  I  I  U  A  A  U
E  J  C  V  D  H  A  R  N  A  L  L  C  E
Z  E  C  W  A  Í  Í  I  O  S  T  E  I  V
A  S  D  A  D  K  C  O  P  M  A  Z  Ó  O
I  N  U  S  U  A  L  W  E  O  D  A  N  D
```

AMIGOS	INUSUAL
ACTIVIDAD	ITINERARIO
BELLEZA	NATURALEZA
VALENTÍA	NAVEGACIÓN
DESTINO	NUEVO
DIFICULTAD	PELIGROSO
ENTUSIASMO	SEGURIDAD
EXCURSIÓN	SORPRENDENTE
ALEGRÍA	VIAJES

74 - Forme

```
H  S  U  E  C  I  L  I  N  D  R  O  Z  J
I  Q  L  S  R  B  J  S  B  P  C  M  Q  Y
P  S  T  F  C  U  B  O  L  Í  N  E  A  R
É  P  X  E  O  U  P  I  R  Á  M  I  D  E
R  W  J  R  N  Y  R  Í  P  K  Z  F  C  C
B  K  R  A  O  W  I  V  Q  T  Z  N  Í  T
O  B  E  L  I  P  S  E  A  R  C  O  R  Á
L  O  D  L  L  K  M  U  E  I  U  N  C  N
A  R  V  U  O  A  A  N  S  Á  A  G  U  G
Y  D  B  A  E  P  D  R  Q  N  D  I  L  U
X  E  T  F  L  X  K  O  U  G  R  S  O  L
Í  S  D  O  R  H  G  N  I  U  A  I  G  O
P  O  L  Í  G  O  N  O  N  L  D  L  L  D
H  Q  M  K  F  Y  Y  L  A  O  O  U  R  W
```

ESQUINA	LADO
ARCO	LÍNEA
BORDES	OVAL
CÍRCULO	PIRÁMIDE
CILINDRO	POLÍGONO
CONO	PRISMA
CUBO	CUADRADO
CURVA	RECTÁNGULO
ELIPSE	ESFERA
HIPÉRBOLA	TRIÁNGULO

75 - Oceano

```
B A Q W B T Í O Q N U P T A
C A R G Z O P U L P O E I T
O G R D L R Y V L A L S B Ú
K O E C M M K T V R S C U N
C M K G O E D Y W T A A R M
A A C K O N E K Í K L D Ó T
N R O Y S T L Q S Z F O N C
G E R R A A F T O R T U G A
R A A E M K Í Z A M Í C Y M
E S L V C A N G U I L A U A
J C N E S I B A L L E N A R
O S T R A J F M E D U S A Ó
E S P O N J A E Í I U G F N
J P M I Z R M D S F U I I F
```

ANGUILA	OSTRA
BALLENA	PESCADO
BARCO	PULPO
CORAL	SAL
DELFÍN	ARRECIFE
CAMARÓN	ESPONJA
CANGREJO	TIBURÓN
MAREAS	TORTUGA
MEDUSA	TORMENTA
OLAS	ATÚN

76 - Famiglia

```
H  I  M  A  D  R  E  H  E  R  M  A  N  A
E  N  E  A  M  N  I  E  T  O  P  Í  I  N
R  F  P  A  T  A  H  I  J  A  A  U  Ñ  T
M  A  K  B  Í  E  R  Y  Í  E  D  U  O  E
A  N  K  U  O  F  R  I  I  S  R  B  S  P
N  C  P  E  N  Í  S  N  D  P  E  T  Í  A
O  I  A  L  G  T  G  W  O  O  R  K  Q  S
P  A  T  A  K  L  X  W  J  S  P  I  Z  A
H  B  E  H  D  L  G  G  Q  A  N  N  M  D
J  U  R  S  O  B  R  I  N  O  I  Í  X  O
L  E  N  Z  K  D  Q  N  O  G  Ñ  N  O  P
M  L  O  L  F  T  B  G  I  P  O  Y  E  E
O  O  H  L  G  K  Z  B  G  B  S  Í  Z  P
U  W  U  S  U  E  H  R  O  Í  L  M  T  J
```

ANTEPASADO	ESPOSA
NIÑOS	SOBRINO
NIÑO	NIETO
PRIMO	ABUELA
HIJA	ABUELO
HERMANO	PADRE
INFANCIA	PATERNO
MADRE	HERMANA
MARIDO	TÍA
MATERNO	TÍO

77 - Veicoli

```
K O W Y L B U X H K P M B I
R P G S N F T A X I N O A C
G P W P F E S R F M E T R O
B Í F W G R X C E Y U O C C
S U B M A R I N O N M R O H
A Q R S N Y Q M P O Á L U E
C V L H E L I C Ó P T E R O
O N I T R A C T O R I E C B
H W O Ó C A M I Ó N C G R A
E X K S N J Z T Y R O F U L
T B I C I C L E T A S I M S
E A M B U L A N C I A Q C A
C A R A V A N A U T O B Ú S
J B E A K O N Y Í F R Z E K
```

AVIÓN	MOTOR
AMBULANCIA	NEUMÁTICOS
COCHE	COHETE
AUTOBÚS	SCOOTER
BARCO	SUBMARINO
BICICLETA	TAXI
CAMIÓN	FERRY
CARAVANA	TRACTOR
HELICÓPTERO	TREN
METRO	BALSA

78 - Emozioni

```
A B U R R I M I E N T O Í H
B S K S A T I S F E C H O V
S E I B M D E J B J C T B I
W O A M P G D N I C E R V R
Y H R T P V O P Í A M A E A
R B F P I A R P E C O N A L
I D I G R T T E B O C Q T E
C A L M A E U Í P N I U A G
M X B B L C S D A T O I M R
T E R N U R A A Q E N L O Í
B O N D A D D B O N A I R A
P R E L A J A D O I D D Q C
A V E R G O N Z A D O A N S
Z T R I S T E Z A O Y D L C
```

AMOR	MIEDO
BEATITUD	IRA
CALMA	RELAJADO
CONTENIDO	SIMPATÍA
EMOCIONADO	SATISFECHO
BONDAD	SORPRESA
ALEGRÍA	TERNURA
AVERGONZADO	TRANQUILIDAD
ABURRIMIENTO	TRISTEZA
PAZ	

79 - Natura

```
S A M P N S B Y D H T F I A
A A O S L L I E P G L O J B
L N N B E L L E Z A I L D E
V U T T D R Í O B V G L D J
A B A Q U R E Z D I D A E A
J E Ñ X H A E N L T I J R S
E S A A T N R F O A N E O A
B O S Q U E R I U L Á T S N
D E S I E R T O O G M X I I
G L A C I A R X Q O I P Ó M
N I E B L A Á R T I C O N A
T R O P I C A L E U O J A L
G W F B G S M W R U R H K E
V P L C I A Y B R K O Q A S
```

ANIMALES	GLACIAR
ABEJAS	MONTAÑAS
ÁRTICO	NIEBLA
BELLEZA	NUBES
DESIERTO	REFUGIO
DINÁMICO	SANTUARIO
EROSIÓN	SALVAJE
RÍO	SERENO
FOLLAJE	TROPICAL
BOSQUE	VITAL

80 - Balletto

```
O Q K V A R T Í S T I C O G
R A U D I E N C I A N O R C
Q P R Á C T I C A G T M D O
U E E N S A Y O L R E P V R
E X V W P L J M Q A N O Y E
S P R B L Z L Ú V C S S M O
T R P H A P O S E I I I Ú G
A E H A B I L I D A D T S R
P S A I S E L C O D A O C A
L I B U Q S H A P O D R U F
A V G E S T O Q R L K Í L Í
U O Z C W I F D R I T M O A
S A Í G A L B X X G N F S G
O P N Y X O D P E M E A D J
```

HABILIDAD	INTENSIDAD
APLAUSO	MÚSCULOS
ARTÍSTICO	MÚSICA
BAILARINA	ORQUESTA
COMPOSITOR	PRÁCTICA
COREOGRAFÍA	ENSAYO
EXPRESIVO	AUDIENCIA
GESTO	RITMO
AGRACIADO	ESTILO

81 - Castelli

```
C A B A L L O F E U D A L B
N O B L E C P M S S U E P L
I A E A L Z N S C D P J F U
M R P B J W S G U K S A G K
P M R E I N O T D J Q N D T
E A Y F N Z H T O R R E I A
R D C O R O N A P Q Q D M P
I U F R S R X O C A L U H R
O R F T D R A G Ó N R H Q I
P A L A C I O U B Y K E X N
C G G L P R Í N C I P E D C
R M C E D I N A S T Í A K E
G X Y Z C A T A P U L T A S
Z F G A C A B A L L E R O A
```

ARMADURA	NOBLE
CATAPULTA	PALACIO
CABALLERO	PARED
CABALLO	PRÍNCIPE
CORONA	PRINCESA
DINASTÍA	REINO
DRAGÓN	ESCUDO
FEUDAL	ESPADA
FORTALEZA	TORRE
IMPERIO	

82 - Campionato

```
J Q C H B X R L T O R N E O
L U P Q U M E Q U I P O T P
W E N T R E N A D O R P L I
X I V Q E L D E P O R T E S
X V M W Z Z I P C L L S N M
N W E T D Y M G A Q P B G O
T R A N S P I R A C I Ó N T
B Í A I J U E G O S Y M M I
D U H A U B N N N A L P E V
V A G I E R T K R J G T D A
Y Z S F Z W O U T I T S A C
E S T R A T E G I A Z J L I
J Q F F I N A L I S T A L Ó
R E S I S T E N C I A V A N
```

ENTRENADOR	RENDIMIENTO
FINALISTA	RESISTENCIA
JUEGOS	DEPORTES
JUEZ	EQUIPO
LIGA	ESTRATEGIA
MEDALLA	TRANSPIRACIÓN
MOTIVACIÓN	TORNEO

83 - Foresta Pluviale

```
C  M  B  O  T  Á  N  I  C  O  X  U  N  P
C  L  A  V  A  L  I  O  S  O  D  M  A  R
W  E  I  M  I  N  D  Í  G  E  N  A  T  E
Í  J  Z  M  Í  X  P  N  M  O  D  J  U  S
P  R  I  U  A  F  G  T  U  B  I  Í  R  E
M  E  H  Z  M  E  E  D  S  B  V  I  A  R
P  Á  J  A  R  O  S  R  G  T  E  N  L  V
E  S  P  E  C  I  E  S  O  O  R  S  E  A
A  N  F  I  B  I  O  S  C  S  S  E  Z  C
A  P  C  M  S  E  L  V  A  L  I  C  A  I
R  E  F  U  G  I  O  Q  U  L  D  T  M  Ó
S  U  R  E  S  P  E  T  O  Q  A  O  E  N
C  O  M  U  N  I  D  A  D  A  D  S  P  D
R  E  S  T  A  U  R  A  C  I  Ó  N  O  L
```

ANFIBIOS	NATURALEZA
BOTÁNICO	NUBES
CLIMA	PRESERVACIÓN
COMUNIDAD	VALIOSO
DIVERSIDAD	RESTAURACIÓN
SELVA	REFUGIO
INDÍGENA	RESPETO
INSECTOS	ESPECIE
MAMÍFEROS	PÁJAROS
MUSGO	

84 - Edifici

```
Q  H  J  G  K  E  G  O  C  S  L  E  E  H
E  C  T  E  A  T  R  O  L  C  A  S  S  O
A  M  M  K  X  C  A  R  P  A  B  C  T  S
A  L  B  B  F  Q  N  H  V  B  O  U  A  P
C  P  B  A  D  M  E  T  W  I  R  E  D  I
A  F  A  E  J  H  R  F  O  N  A  L  I  T
S  Á  R  R  R  A  O  T  X  A  T  A  O  A
T  B  Y  K  T  G  D  F  W  H  O  T  E  L
I  R  U  O  O  A  U  A  P  W  R  V  R  P
L  I  Í  K  R  W  M  E  C  E  I  Z  A  K
L  C  Í  N  R  N  U  E  I  Í  O  X  S  J
O  A  X  P  E  Y  S  F  N  Z  Z  K  H  V
M  S  J  M  N  L  E  D  E  T  F  A  V  C
K  P  S  Y  E  Í  O  B  M  H  O  E  C  X
```

EMBAJADA	MUSEO
APARTAMENTO	HOSPITAL
CABINA	ALBERGUE
CASTILLO	ESCUELA
CINE	ESTADIO
FÁBRICA	TEATRO
GRANERO	CARPA
HOTEL	TORRE
LABORATORIO	

85 - Paesi #2

```
A  X  Í  M  D  V  O  J  V  P  P  E  N  U
L  I  B  E  R  I  A  A  B  A  F  J  E  X
B  E  H  T  C  R  H  M  Q  K  Q  U  P  L
A  B  I  I  C  L  X  A  C  I  P  G  A  A
N  J  N  O  X  A  Y  I  V  S  D  A  L  O
I  G  D  P  H  N  X  C  T  T  U  N  Q  S
A  G  O  Í  V  D  D  A  N  Á  L  D  B  T
D  I  N  A  M  A  R  C  A  N  Z  A  Á  H
H  L  E  P  J  M  R  U  S  I  A  S  I  N
J  A  S  Z  A  É  U  C  R  A  N  I  A  J
K  N  I  U  O  X  I  C  B  O  O  R  Í  A
Z  V  A  T  N  I  N  I  G  E  R  I  A  P
E  T  C  S  Í  C  G  R  E  C  I  A  D  Ó
G  O  J  P  X  O  D  H  M  U  Y  A  A  N
```

ALBANIA	LIBERIA
DINAMARCA	MÉXICO
ETIOPÍA	NEPAL
JAMAICA	NIGERIA
JAPÓN	PAKISTÁN
GRECIA	RUSIA
HAITÍ	SIRIA
INDONESIA	SUDÁN
IRLANDA	UCRANIA
LAOS	UGANDA

86 - Tipi di Capelli

```
C T M D B G L S U A V E N R
O R B Z E L C A L V O I M N
L E X S Í D A O R I Z A D O
O N V L U W K N E G R O U T
R Z D J E Y M D C X O N N R
E A Z M T L T U I O F V X E
A S V G O S W L D Y R T V N
D E O N U U M A R R Ó N K Z
O Q V A X X D D E L G A D A
Í M D R U B I O L A R R A D
P G R I S A L U D A B L E O
K W H Z Z E P L A T A X Z T
Í K B O Z B C O R T O F S T
X Z F S M X M O G R U E S O
```

PLATA	MARRÓN
SECO	SUAVE
BLANCO	NEGRO
RUBIO	ONDULADO
CORTO	RIZADO
CALVO	RIZOS
COLOREADO	SALUDABLE
GRIS	DELGADA
TRENZADO	GRUESO
LARGO	TRENZAS

87 - Vestiti

B	P	A	N	T	A	L	O	N	E	S	W	V	Z
A	B	R	I	G	O	H	B	Z	C	C	C	E	P
J	E	A	N	S	A	N	D	A	L	I	A	S	I
S	V	J	C	H	C	M	Í	P	Í	H	M	T	J
O	F	S	I	I	B	H	O	S	Í	P	I	I	A
M	A	A	N	G	U	C	A	D	X	U	S	D	M
B	L	A	T	T	F	O	C	Q	A	L	A	O	A
R	D	G	U	X	A	L	Q	M	U	S	G	R	Q
E	A	U	R	Z	N	L	W	P	L	E	Z	A	W
R	A	A	Ó	A	D	A	U	J	F	R	T	T	M
O	N	N	P	A	R	J	L	Q	A	Í	A	G
Y	C	T	M	A	D	E	L	A	N	T	A	L	M
Y	Í	E	Í	T	S	U	É	T	E	R	W	G	J
Í	A	S	Q	O	F	Í	Q	H	B	L	U	S	A

VESTIDO	DELANTAL
PULSERA	GUANTES
BLUSA	JEANS
CAMISA	SUÉTER
SOMBRERO	MODA
ABRIGO	PANTALONES
CINTURÓN	PIJAMA
COLLAR	SANDALIAS
CHAQUETA	ZAPATO
FALDA	BUFANDA

88 - Attività e Tempo Libero

```
E  S  Z  I  E  R  F  A  B  N  V  R  V  S
C  U  Z  R  E  S  L  F  M  A  B  B  O  E
O  R  B  C  D  U  Q  I  J  T  É  A  L  N
M  F  Ú  T  B  O  L  C  J  A  I  L  E  D
P  F  R  B  Í  T  P  I  A  C  S  O  I  E
R  G  G  B  U  C  E  O  R  I  B  N  B  R
A  E  O  A  L  H  S  N  D  Ó  O  C  O  I
S  Q  L  H  R  F  C  E  I  N  L  E  L  S
Q  L  F  A  V  T  A  S  N  S  Í  S  R  M
Y  A  P  Í  J  W  E  O  E  J  V  T  H  O
Y  J  A  V  I  A  J  E  R  Q  T  O  J  L
S  C  A  M  P  I  N  G  Í  F  V  S  V  A
P  I  N  T  U  R  A  T  A  L  U  L  S  K
I  R  S  Í  U  B  O  X  E  O  Í  L  C  I
```

ARTE	BUCEO
BÉISBOL	NATACIÓN
BALONCESTO	VOLEIBOL
BOXEO	PESCA
FÚTBOL	PINTURA
CAMPING	RELAJANTE
SENDERISMO	COMPRAS
JARDINERÍA	SURF
GOLF	TENIS
AFICIONES	VIAJE

89 - Tecnologia

```
I  M  S  E  G  U  R  I  D  A  D  I  E  P
N  X  E  D  I  G  I  T  A  L  O  N  Í  S
T  V  A  N  P  S  B  A  E  O  F  V  Í  X
E  I  H  C  S  W  L  Y  S  R  I  E  N  G
R  X  N  K  T  A  Y  E  T  D  Q  S  A  N
N  D  A  T  O  S  J  W  A  E  Í  T  V  Z
E  C  Á  M  A  R  A  E  D  N  S  I  E  P
T  V  I  K  V  F  B  N  Í  A  A  G  G  A
P  I  G  F  I  X  L  F  S  D  R  A  A  N
Í  R  C  U  R  S  O  R  T  O  C  C  D  T
N  U  M  E  T  V  G  E  I  R  H  I  O  A
G  S  Q  N  U  P  X  D  C  K  I  Ó  R  L
A  D  B  T  A  U  J  O  A  G  V  N  H  L
V  C  W  E  L  J  P  J  S  I  O  G  V  A
```

BLOG	INTERNET
NAVEGADOR	MENSAJE
BYTES	INVESTIGACIÓN
ORDENADOR	PANTALLA
CURSOR	SEGURIDAD
DATOS	ESTADÍSTICAS
DIGITAL	CÁMARA
ARCHIVO	VIRTUAL
FUENTE	VIRUS

90 - Arte

```
P E R S O N A L J J I U E C
C O M P L E J O I Y X Y X R
F C O M P O S I C I Ó N P E
P I N T U R A S H S S I R A
T Y G I B B I Q U U Í N E R
J E I U F G Q N M R M S S O
Q D M B R F P I O R B P I R
V Y W A E A P C R E O I Ó I
P E S C U L T U R A L R N G
X O H O N E S T O L O A N I
J R E T R A T A R I O D R N
X A B S Y N V I P S E O Z A
Y Z R V Í C E R Á M I C A L
Z L P D W A M X E O W B U Y
```

CERÁMICA	ORIGINAL
COMPLEJO	PERSONAL
COMPOSICIÓN	POESÍA
CREAR	RETRATAR
PINTURAS	ESCULTURA
EXPRESIÓN	SÍMBOLO
FIGURA	TEMA
INSPIRADO	SURREALISMO
HONESTO	HUMOR

91 - Meteo

```
K  X  M  S  E  C  O  S  M  O  N  Z  Ó  N
R  R  U  T  E  M  P  E  R  A  T  U  R  A
V  C  L  H  T  Q  V  I  E  N  T  O  K  T
Y  A  A  L  T  R  U  N  I  E  B  L  A  O
X  B  L  L  L  I  U  Í  Y  N  L  Z  V  R
Y  Z  R  T  I  Q  A  E  A  H  M  P  H  N
H  U  R  A  C  Á  N  R  N  N  U  B  E  A
T  R  O  P  I  C  A  L  C  O  Í  X  C  D
O  A  D  O  T  L  D  Q  I  O  C  N  D  O
O  Y  O  L  H  I  E  L  O  N  I  B  A  S
S  O  J  A  C  M  P  K  V  C  E  R  Q  Z
M  C  U  R  V  A  R  O  U  Z  L  I  I  N
A  T  M  Ó  S  F  E  R  A  V  O  S  F  S
R  I  Í  K  T  O  R  M  E  N  T  A  T  J
```

ARCO IRIS	NUBE
SECO	POLAR
ATMÓSFERA	SEQUÍA
BRISA	TEMPERATURA
CIELO	TORMENTA
CLIMA	TORNADO
RAYO	TROPICAL
HIELO	TRUENO
MONZÓN	HURACÁN
NIEBLA	VIENTO

92 - Corpo Umano

```
C  B  S  Í  S  C  O  D  O  V  B  X  X  C
K  R  O  J  O  E  S  T  Ó  M  A  G  O  U
H  O  Y  C  M  R  C  G  O  E  R  S  C  E
N  D  H  U  A  E  A  F  A  B  B  C  Í  L
P  I  E  L  N  B  B  F  C  W  I  L  T  L
F  L  M  I  O  R  E  J  A  S  L  L  C  O
S  L  Q  N  G  O  Z  U  R  D  L  P  L  C
A  A  L  C  C  D  A  C  A  I  A  Z  X  O
N  H  O  M  B  R  O  D  K  J  J  Y  Z  R
G  A  W  Y  C  W  P  P  L  S  E  A  E  A
R  C  R  J  D  R  B  G  F  J  H  G  S  Z
E  P  P  I  E  R  N  A  N  W  P  Y  P  Ó
F  L  O  Q  Z  T  P  T  H  O  U  R  B  N
B  A  I  D  E  D  O  I  U  W  U  I  N  X
```

BOCA	MANO
TOBILLO	BARBILLA
CEREBRO	NARIZ
CUELLO	OJO
CORAZÓN	OREJA
DEDO	PIEL
CARA	SANGRE
PIERNA	HOMBRO
RODILLA	ESTÓMAGO
CODO	CABEZA

93 - Mammiferi

```
C E B R A P L J J H Y C S E
O J W N S D E L F Í N C N Í
N N L L W E Ó R C I E R V O
E V B X N L N Q R T O R O C
J L Y M Í E Í O Q O V E J A
O S O S O F C K S A A Y O B
P J H B C A N G U R O X P A
I F O M O N O Í J G L S C L
Z S Q N U T A C I O A Z O L
K P U D Y E Z O R R O T Y O
B A L L E N A Z A I Í T O R
S R D L M C P O F L T W T H
U B T A S Z K A A A S Z E L
T Q I W J Y W K D Z K D Z U
```

BALLENA
PERRO
CANGURO
CABALLO
CIERVO
CONEJO
COYOTE
DELFÍN
ELEFANTE
GATO

JIRAFA
GORILA
LEÓN
LOBO
OSO
OVEJA
MONO
TORO
ZORRO
CEBRA

94 - Arrampicata

```
Y  J  M  Q  L  E  T  G  C  B  O  T  A  S
Z  F  V  Í  E  S  E  U  U  G  N  Y  S  V
M  A  P  A  S  T  R  Í  E  A  U  T  E  N
E  X  E  X  I  R  R  A  V  C  N  Í  N  K
D  S  Z  P  Ó  E  E  S  A  I  H  T  D  F
Q  U  T  S  N  C  N  X  L  Í  E  J  E  Í
D  X  H  A  K  H  O  L  P  E  W  P  R  S
N  D  O  W  B  O  D  G  Z  E  A  Z  I  I
C  A  S  C  O  I  Y  D  Z  W  R  Q  S  C
F  U  E  R  Z  A  L  C  V  K  J  T  M  O
A  L  T  I  T  U  D  I  K  Y  B  N  O  I
Í  C  U  R  I  O  S  I  D  A  D  Z  B  K
F  O  R  M  A  C  I  Ó  N  A  Z  P  P  Í
A  T  M  Ó  S  F  E  R  A  N  D  C  I  G
```

ALTITUD	CUEVA
ATMÓSFERA	GUANTES
CASCO	GUÍAS
CURIOSIDAD	LESIÓN
SENDERISMO	MAPA
EXPERTO	ESTABILIDAD
FÍSICO	BOTAS
FORMACIÓN	ESTRECHO
FUERZA	TERRENO

95 - Animali Domestici

```
C W P E R R O S G C T B Q B
G O B D C R Í P A A E U V G
M G R G O M D C T B T X P R
U B O R N Q Í L O R O I A K
H Z Í E E A G U A A T N T C
V Á C L J A C O M I D A A O
A A M T O R T U G A P R S L
C H R S Í A C G Q S M A C L
A L H I T B L A G A R T O A
K Z K V P E S C A D O Ó L R
Z I U D A V R P F T W N A X
V E T E R I N A R I O V B P
C A C H O R R O B N A Í L K
C C G V Z F M Z V D V I L D
```

AGUA	GATO
PERRO	CORREA
CABRA	LAGARTO
COMIDA	VACA
COLA	LORO
COLLAR	PESCADO
CONEJO	TORTUGA
HÁMSTER	RATÓN
CACHORRO	VETERINARIO
GATITO	PATAS

96 - Cucina

T	A	Z	Ó	N	P	B	E	A	E	P	E	T	D
C	O	Y	R	Í	A	X	T	T	Í	A	S	A	U
S	E	R	V	I	L	L	E	T	A	R	P	R	S
H	V	V	Y	X	I	S	N	H	X	R	E	R	O
C	O	E	J	J	L	U	E	Q	O	I	C	O	D
A	O	R	P	K	L	Y	D	Y	Q	L	I	G	E
L	S	M	N	F	O	Q	O	C	G	L	A	L	L
D	A	A	I	O	S	X	R	U	M	A	S	E	A
E	J	W	A	D	X	R	E	C	E	T	A	S	N
R	A	O	T	H	A	G	S	H	K	N	R	P	T
A	R	C	O	N	G	E	L	A	D	O	R	O	A
Y	R	F	K	K	M	E	Í	R	S	Q	U	N	L
V	A	T	A	Z	A	S	G	Ó	L	Y	E	J	W
C	U	C	H	A	R	A	S	N	E	K	L	A	O

PALILLOS	DELANTAL
CALDERA	PARRILLA
JARRA	CUCHARÓN
COMIDA	RECETA
TAZÓN	ESPECIAS
CONGELADOR	ESPONJA
CUCHARAS	TAZAS
TENEDORES	SERVILLETA
HORNO	TARRO

97 - Vacanze #2

```
V M A P A M T I P E I V C O
A D E S T I N O A S S I E Z
C R R P F R N C S E L S X D
A E O C I O E M A R A A T Í
C S P D C V S N P W W X R K
I T U D A K O F O T O S A G
O A E Q R P U B R P S F N R
N U R Q P C L Q T X Y Q J C
E R T E A J V A E W Í S E A
S A O N S D I U Y Q O I R M
Í N T A X I A X W A X X O P
D T T K Í L J F H O T E L I
Í E A M D B E T M Y I H P N
T R A N S P O R T E K L X G
```

AEROPUERTO	PLAYA
CAMPING	EXTRANJERO
DESTINO	TAXI
FOTOS	OCIO
HOTEL	CARPA
ISLA	TRANSPORTE
MAPA	TREN
MAR	VACACIONES
PASAPORTE	VIAJE
RESTAURANTE	VISA

98 - Attività

```
P R Q A C T I V I D A D O Z
R O M P E C A B E Z A S C D
J U P O H Z R T A I C U I A
R U H H O E T Q F I A A O L
E P E S C A E E J K L K C E
L A X G D G T T A D T E H C
A A R F O T O G R A F Í A T
J J N T G S L H D V L C B U
A I H C E R Á M I C A O I R
C F E Q W S P G N M T S L A
I Z I H X E A V E H Í T I L
Ó P L A C E R N R E P U D S
N C A M P I N G Í U A R A U
M A G I A C A Z A A W A D U
```

HABILIDAD	JARDINERÍA
ARTE	JUEGOS
ARTESANÍA	LECTURA
ACTIVIDAD	MAGIA
CAZA	PESCA
CAMPING	PLACER
CERÁMICA	ROMPECABEZAS
COSTURA	RELAJACIÓN
BAILE	OCIO
FOTOGRAFÍA	

99 - Forniture Artistiche

```
C  H  H  P  A  G  U  A  S  T  S  G  A  L
Y  B  M  A  M  R  X  E  W  I  I  X  R  A
Q  O  P  P  Y  A  C  T  R  C  L  N  G  F
C  R  W  E  Q  N  P  I  E  Z  A  L  T  Í
E  R  J  L  M  E  S  A  L  T  C  A  A  A
P  A  S  T  E  L  E  S  C  L  U  C  L  C
I  D  E  A  S  C  Á  M  A  R  A  E  Á  A
L  O  V  Z  M  Q  D  G  Y  R  R  I  P  R
L  R  U  O  Q  R  Y  B  S  T  E  T  I  B
O  A  C  R  Í  L  I  C  O  B  L  E  C  Ó
S  C  R  E  A  T  I  V  I  D  A  D  E  N
C  O  L  O  R  E  S  K  R  X  S  B  S  D
L  U  U  I  P  E  G  A  M  E  N  T  O  K
N  N  U  Q  X  C  A  B  A  L  L  E  T  E
```

AGUA	BORRADOR
ACUARELAS	IDEAS
ACRÍLICO	TINTA
ARCILLA	LÁPICES
CARBÓN	ACEITE
PAPEL	PASTELES
CABALLETE	SILLA
PEGAMENTO	CEPILLOS
COLORES	MESA
CREATIVIDAD	CÁMARA

100 - Misurazioni

```
S G K T O N E L A D A D M I
Z U K I P U L G A D A E E V
P K I Í L E G R A M O C T O
F R L L V Ó S O N J R I R L
D R O Í T G M O V J O M O U
X G G F C P L E Y E N A Y M
R R R Y U P B Y T E Z L P E
O W A M I N U T O R A Z U N
Q G M Í M D D F X K O X J Z
D P O Í W S L I T R O A Z W
A L T U R A W S D G R A D O
L O N G I T U D I A E J Q T
C E N T Í M E T R O D Í I Y
P I N T A O A N C H O K D T
```

ALTURA	LONGITUD
BYTE	METRO
CENTÍMETRO	MINUTO
KILOGRAMO	ONZA
KILÓMETRO	PESO
DECIMAL	PINTA
GRADO	PULGADA
GRAMO	PROFUNDIDAD
ANCHO	TONELADA
LITRO	VOLUMEN

1 - Scacchi

2 - Aggettivi #2

3 - Mobili

4 - Pesca

5 - Aggettivi #1

6 - Geologia

7 - Campeggio

8 - Arti Visive

9 - Tempo

10 - Astronomia

11 - Circo

12 - Mitologia

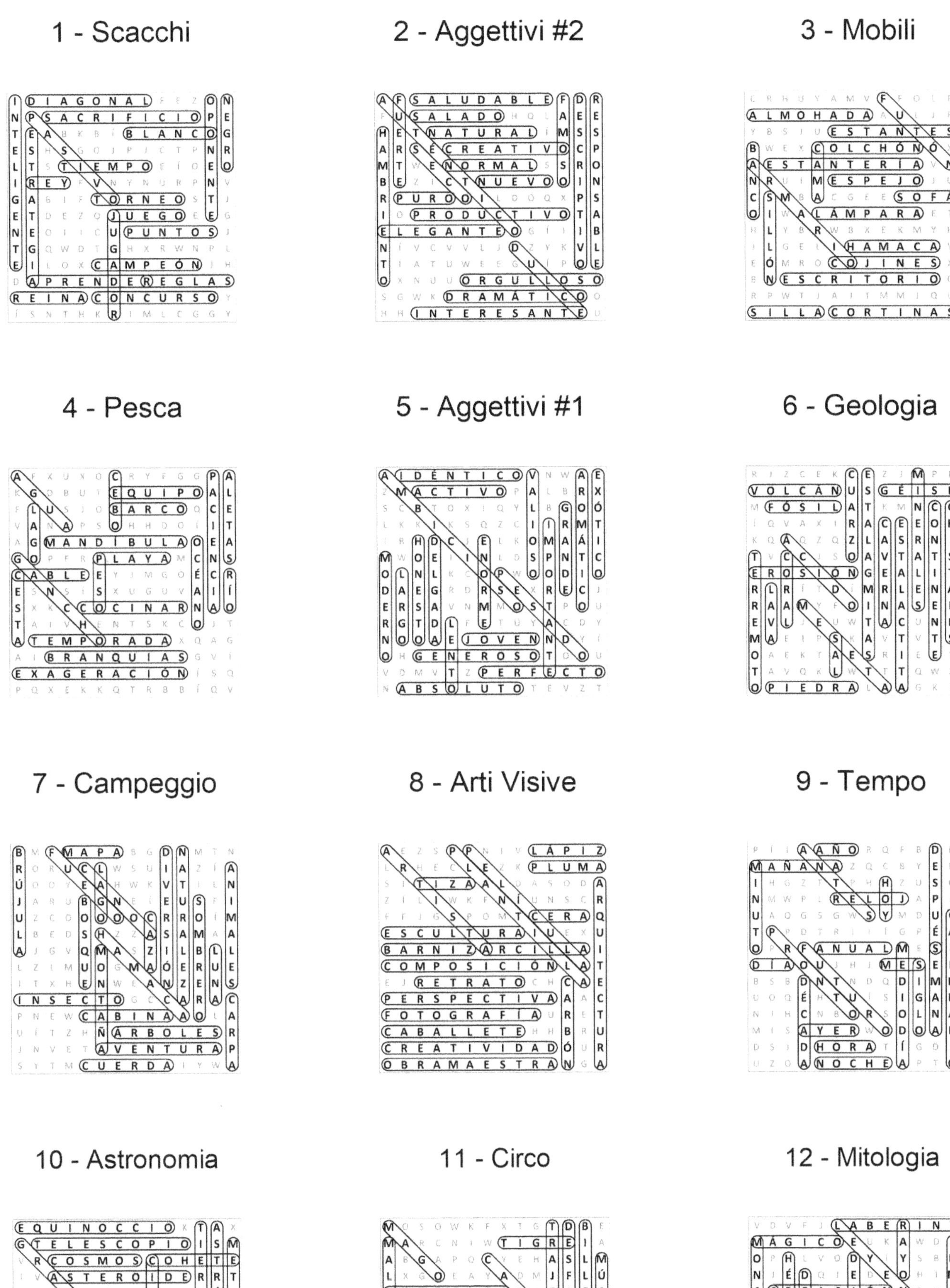

13 - Piante

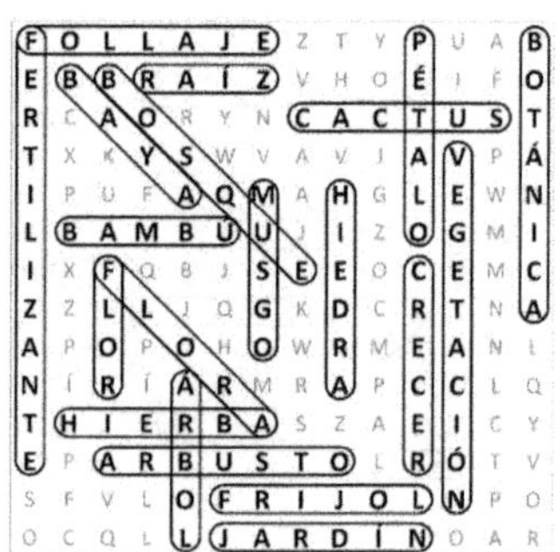

14 - Spezie

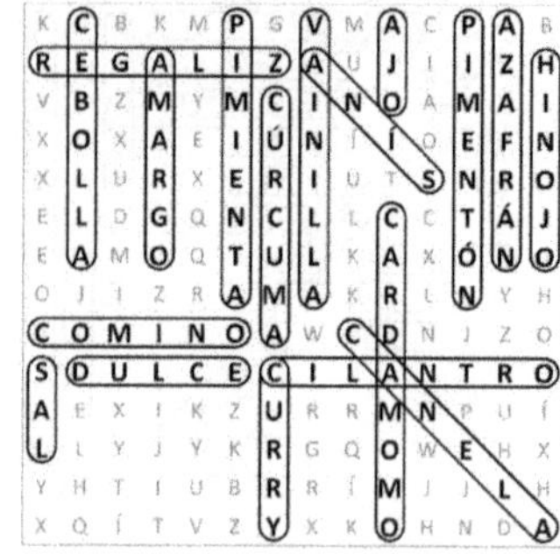

15 - Numeri

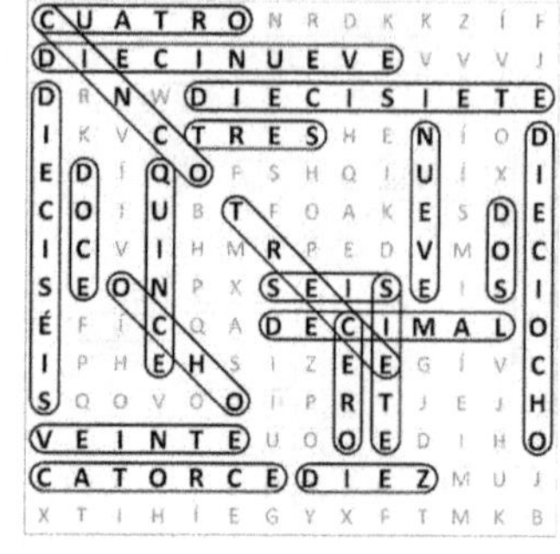

16 - Cioccolato

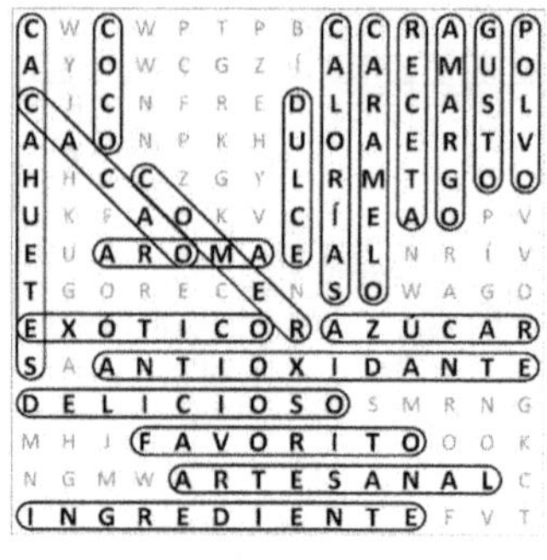

17 - Guida

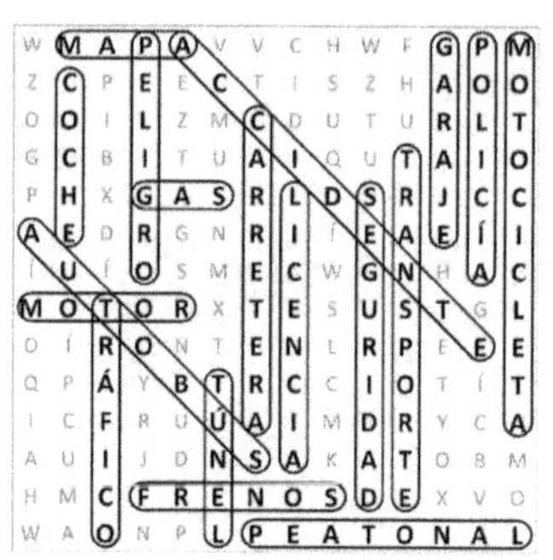

18 - Sport

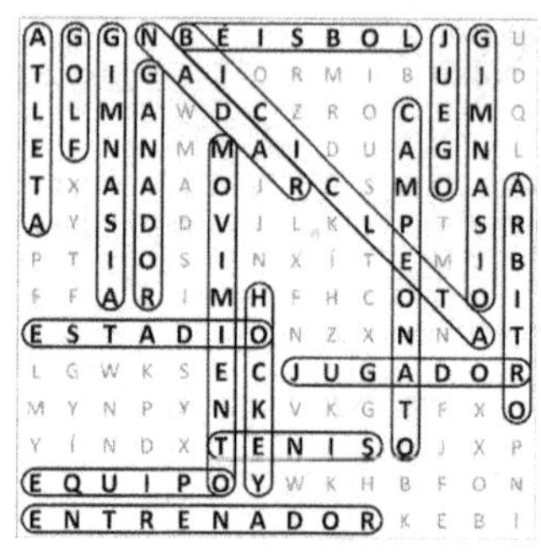

19 - Giocattoli

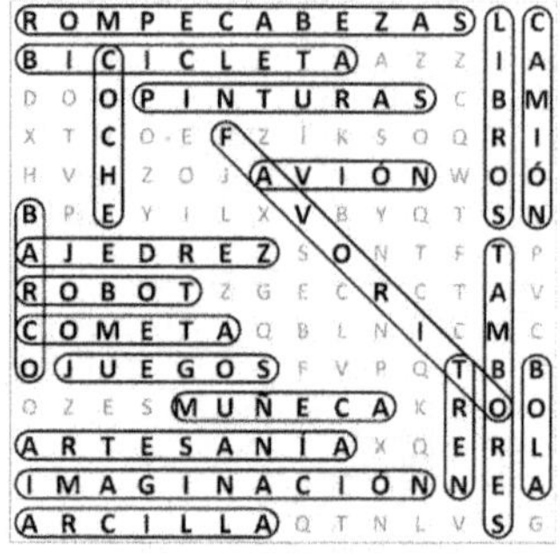

20 - Uccelli

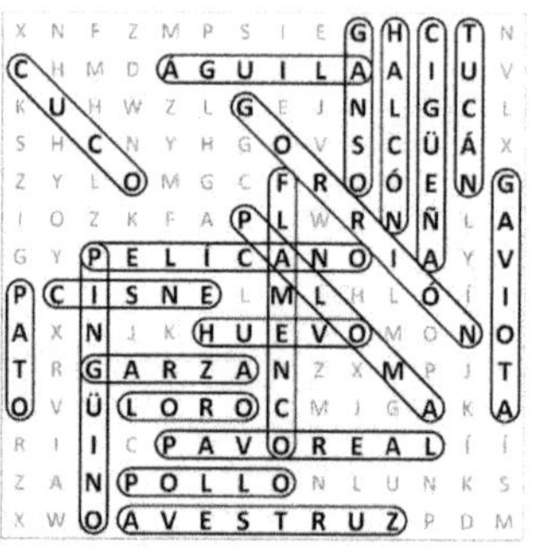

21 - Giorni e Mesi

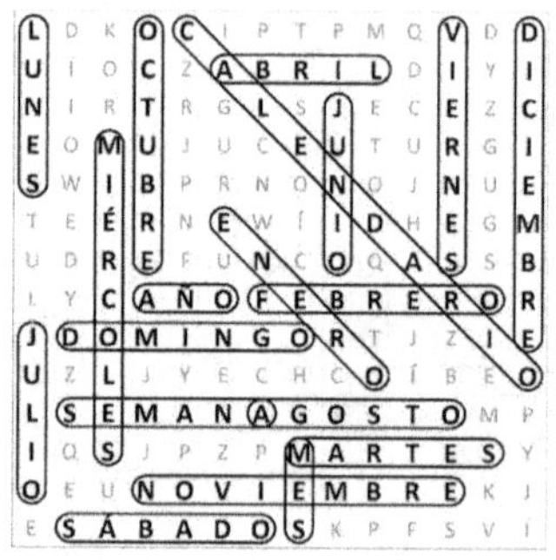

22 - Casa

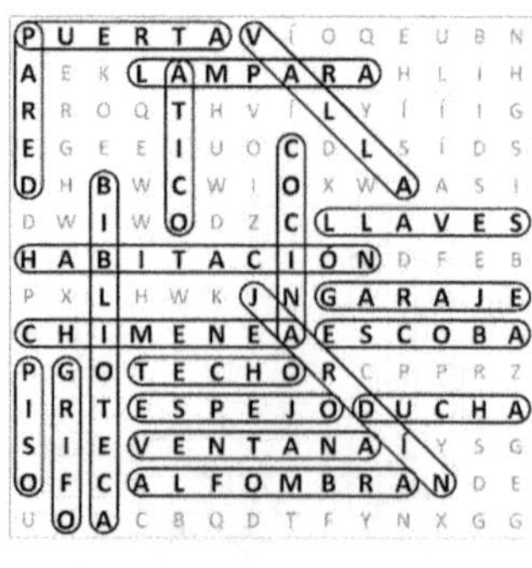

23 - Ristorante #1

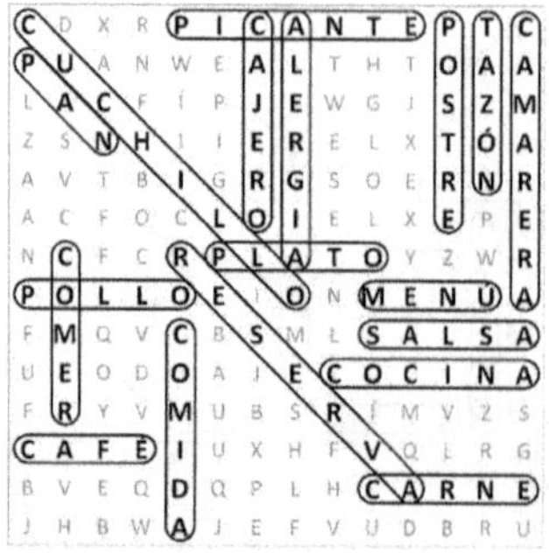

24 - Fantascienza

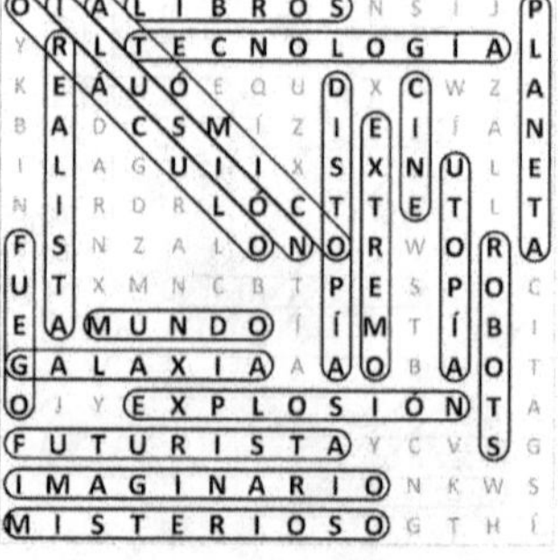

25 - Città

26 - Virtù #1

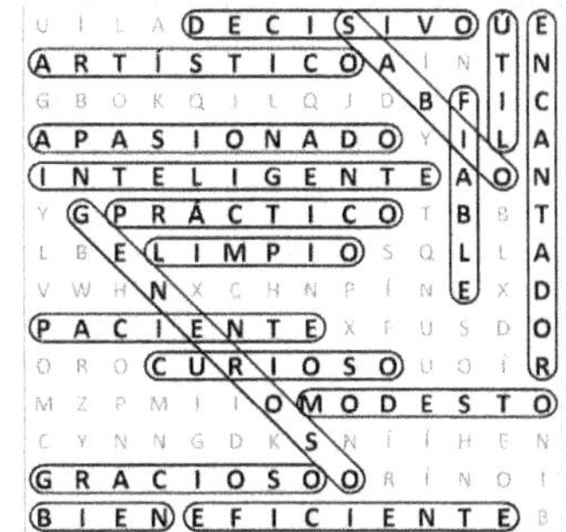

27 - Compleanno

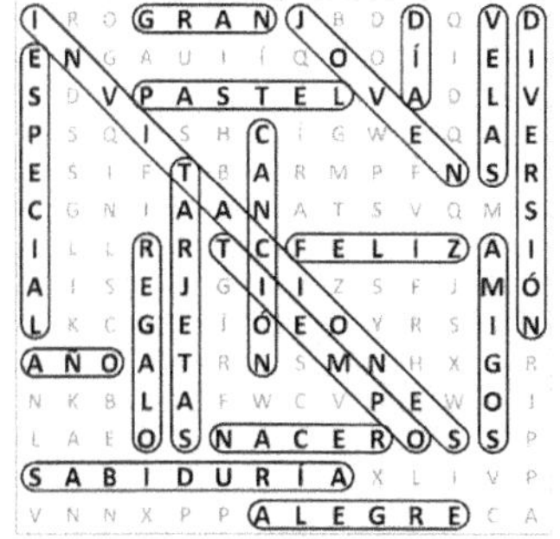

28 - Fattoria #1

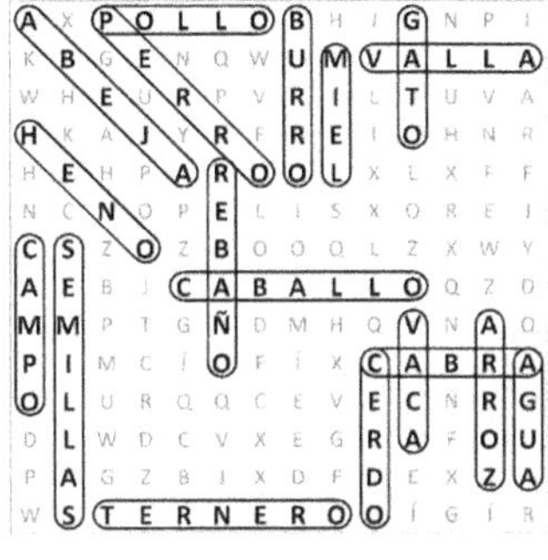

29 - Paesaggi

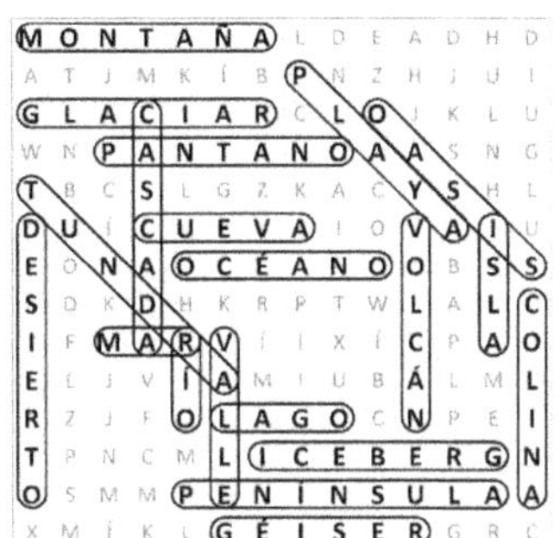

30 - Ristorante #2

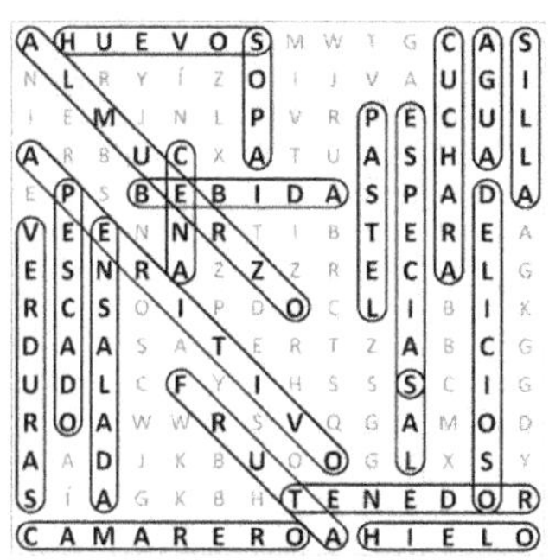

31 - Giardino

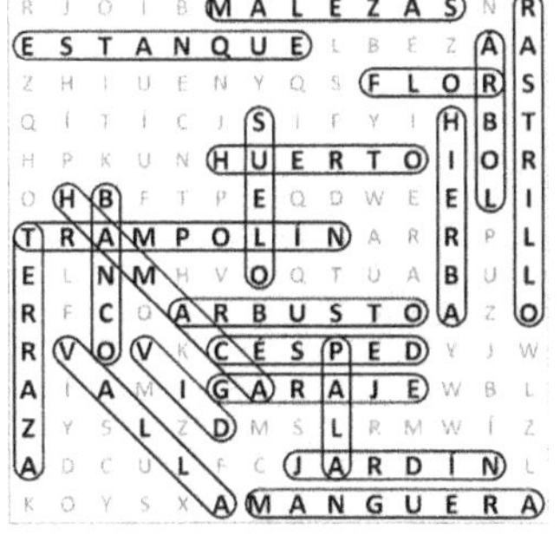

32 - Frutta

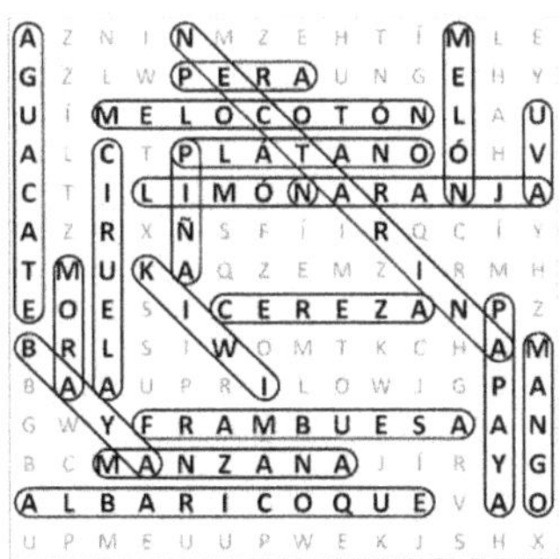

33 - Fattoria #2

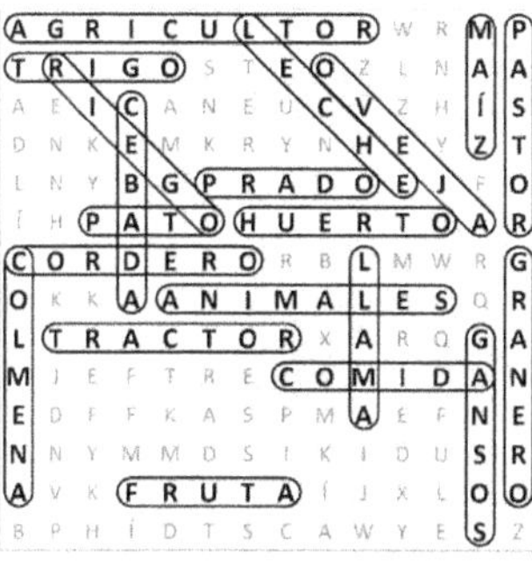

34 - Dinosauri

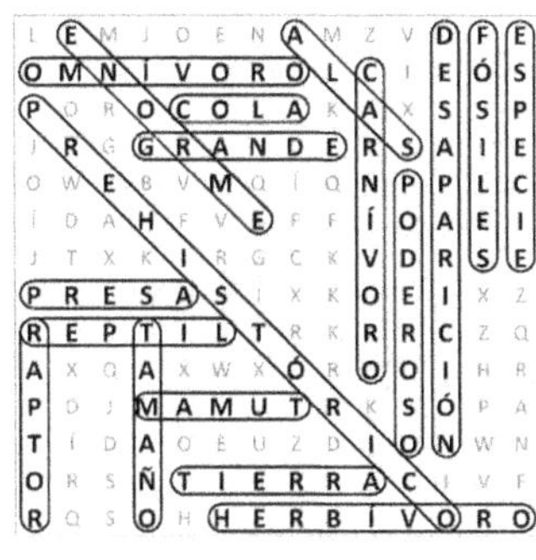

35 - Verdure

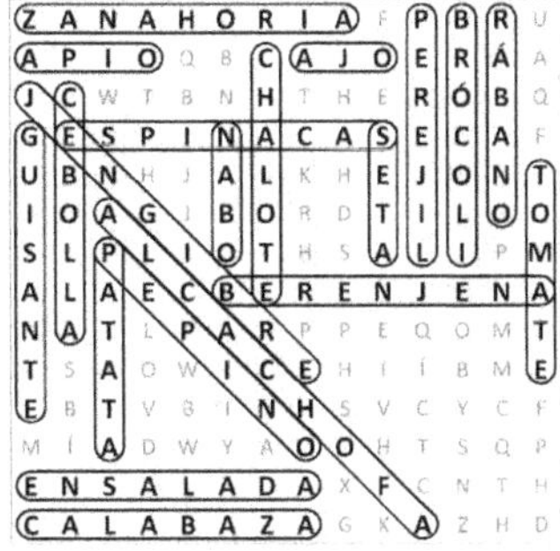

36 - Scuola #2

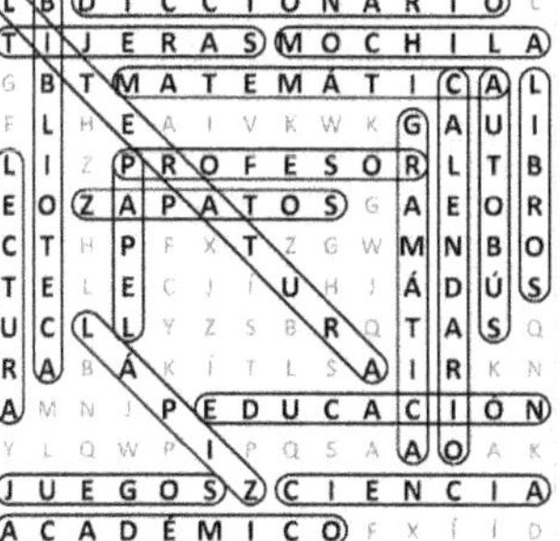

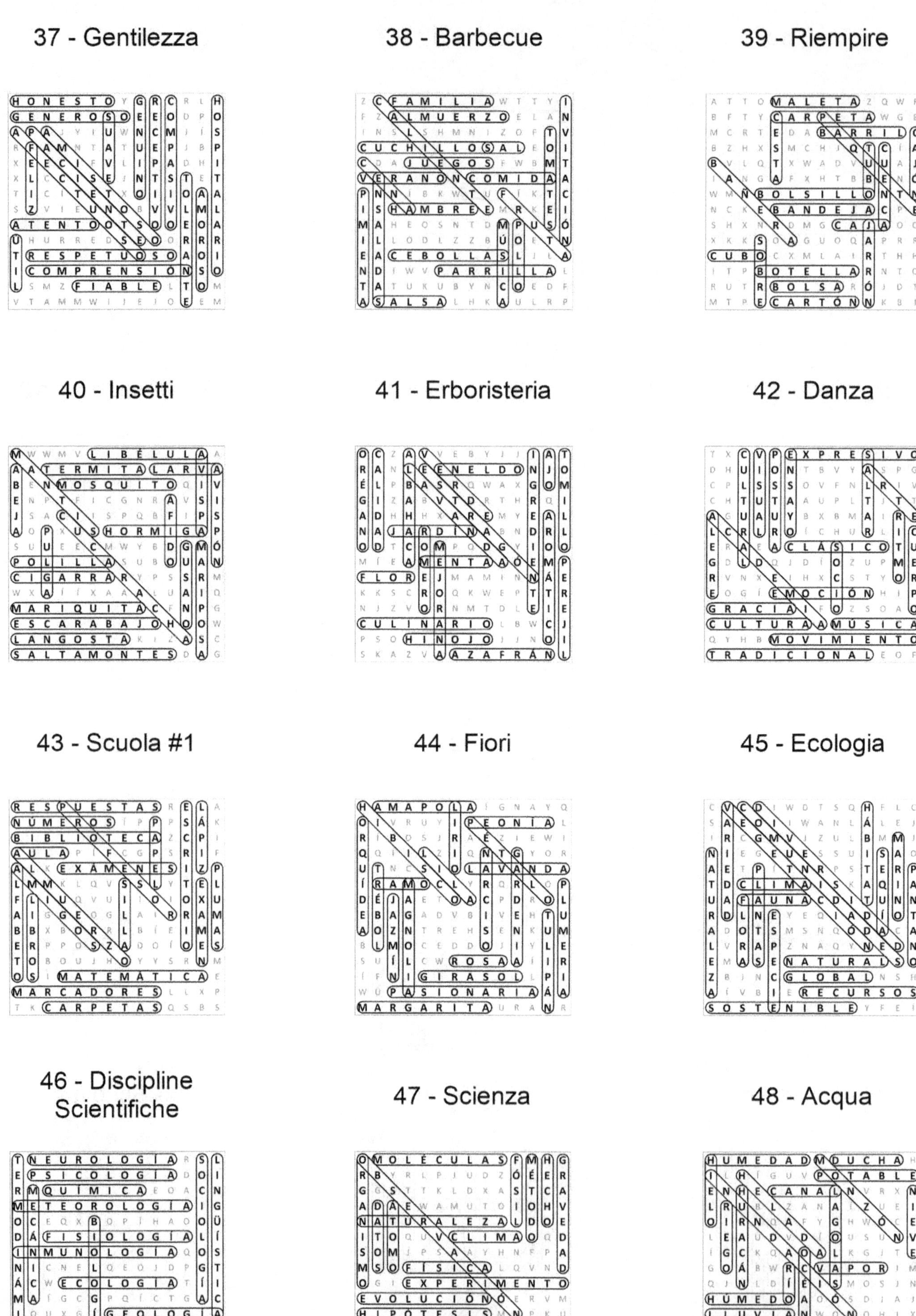

37 - Gentilezza
38 - Barbecue
39 - Riempire
40 - Insetti
41 - Erboristeria
42 - Danza
43 - Scuola #1
44 - Fiori
45 - Ecologia
46 - Discipline Scientifiche
47 - Scienza
48 - Acqua

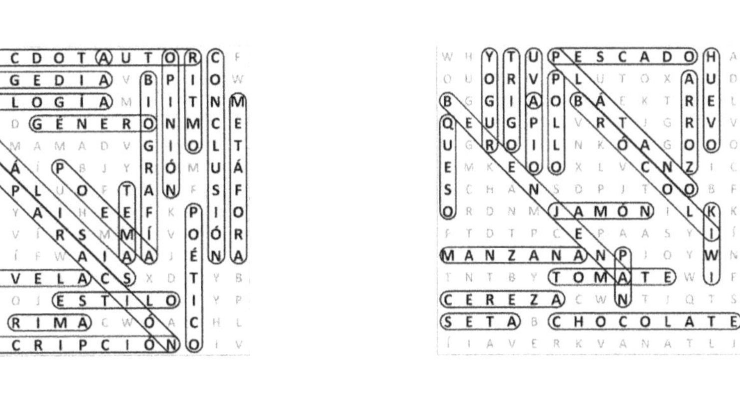

49 - Gatti
50 - Surf
51 - Imbarcazioni
52 - Api
53 - Conservazione
54 - Strumenti Musicali
55 - Professioni #2
56 - Letteratura
57 - Cibo #2
58 - Nutrizione
59 - Matematica
60 - Vacanza #1

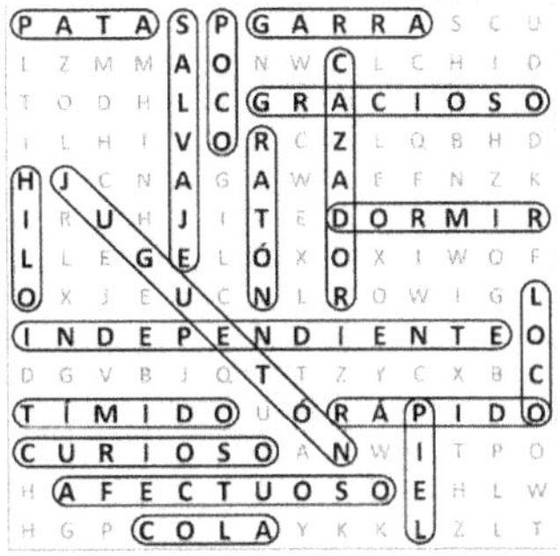

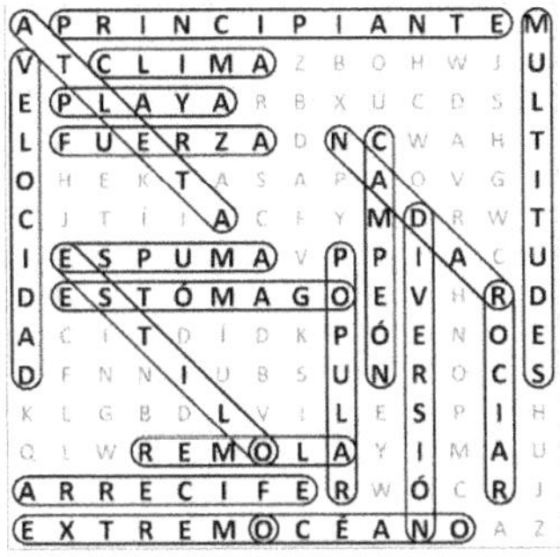

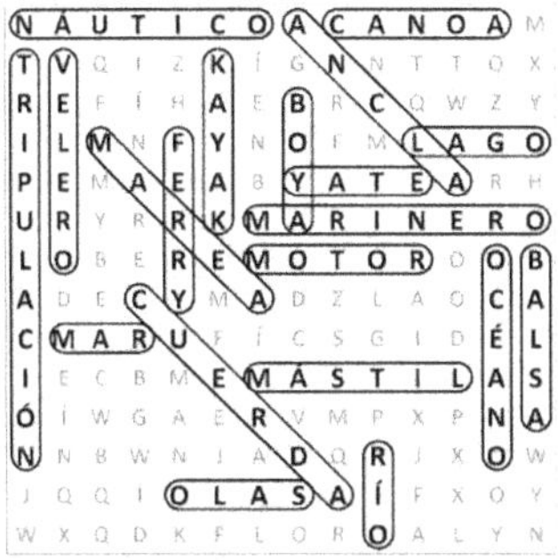

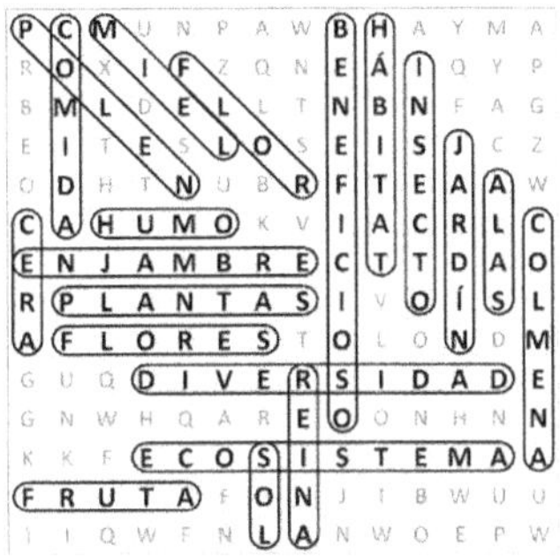

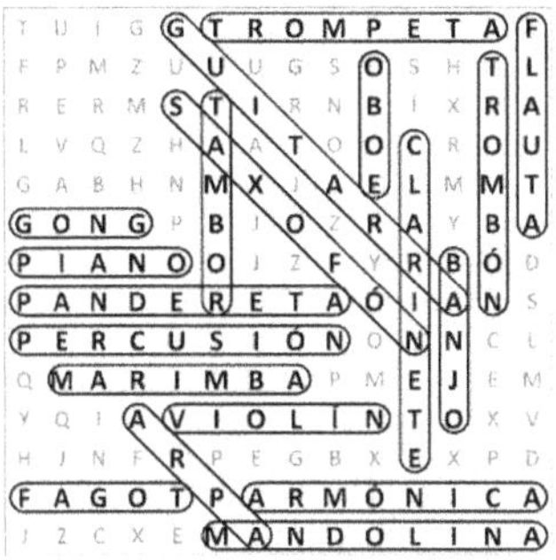

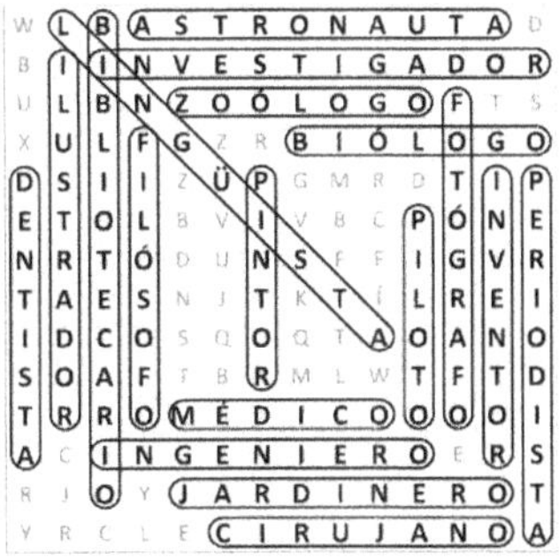

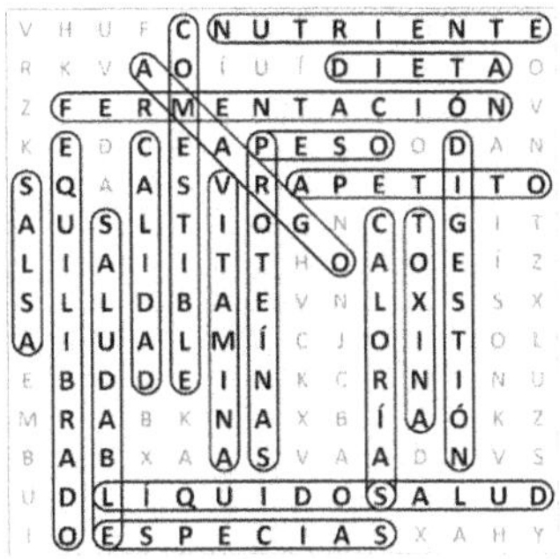

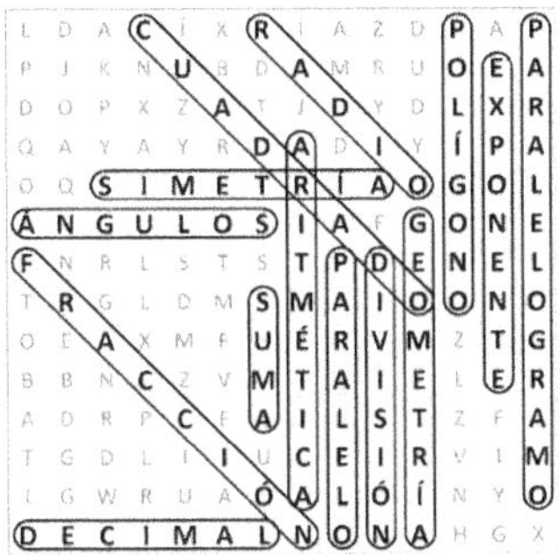

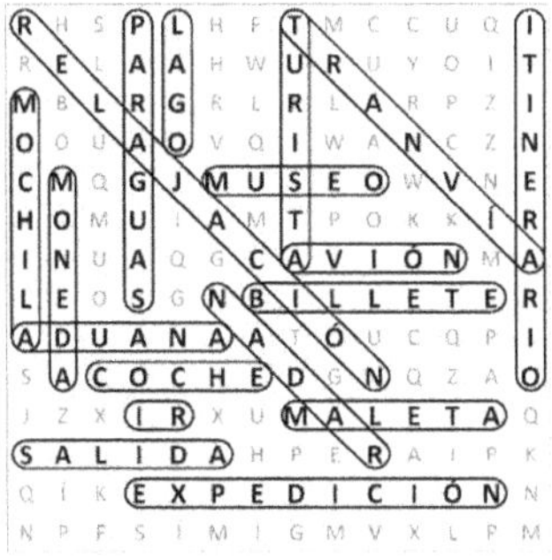

61 - Meditazione

62 - Estate

63 - Escursionismo

64 - Professioni #1

65 - Antartide

66 - Libri

67 - Geografia

68 - Cibo #1

69 - Aeroplani

70 - Pirati

71 - Colori

72 - Spiaggia

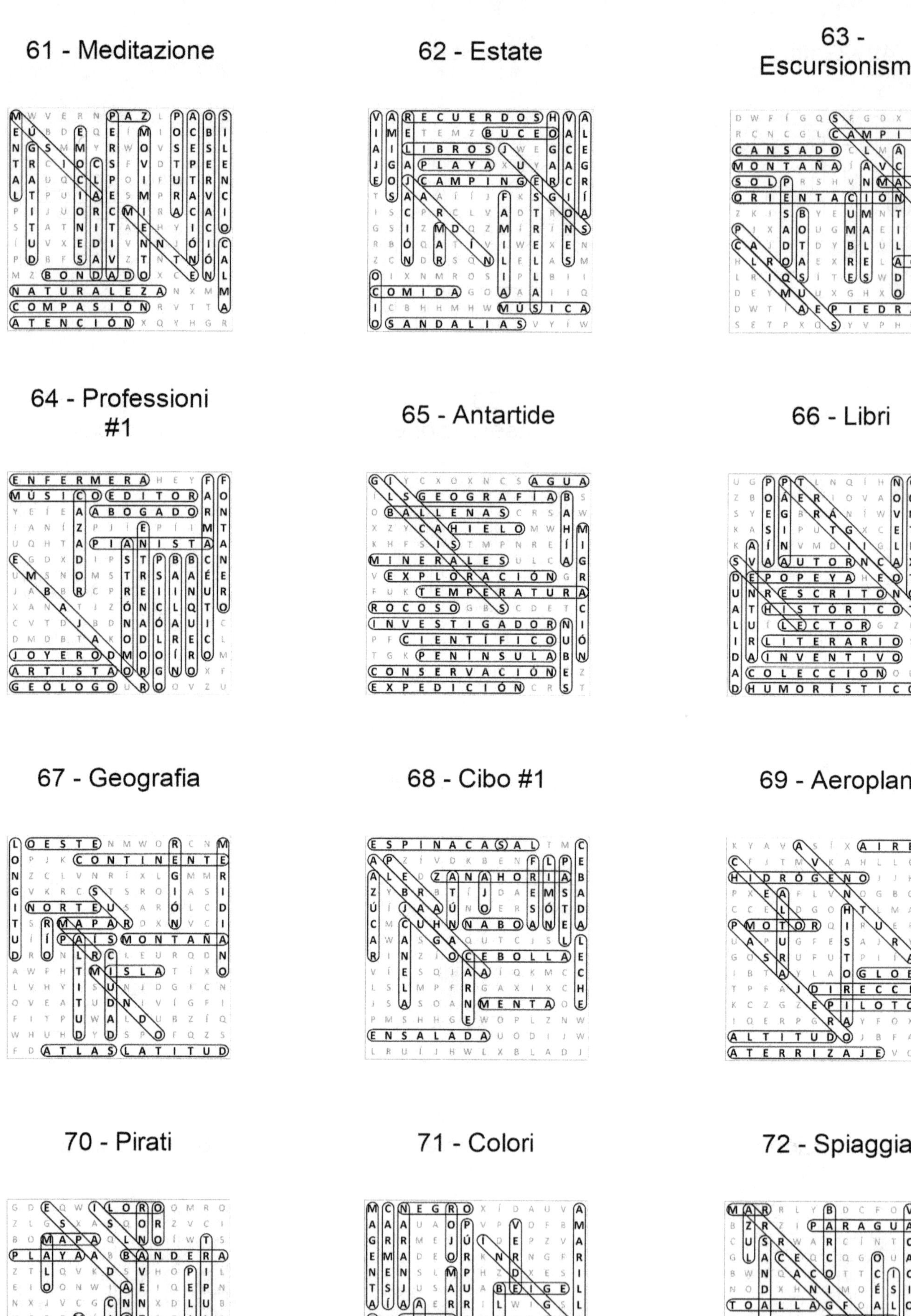

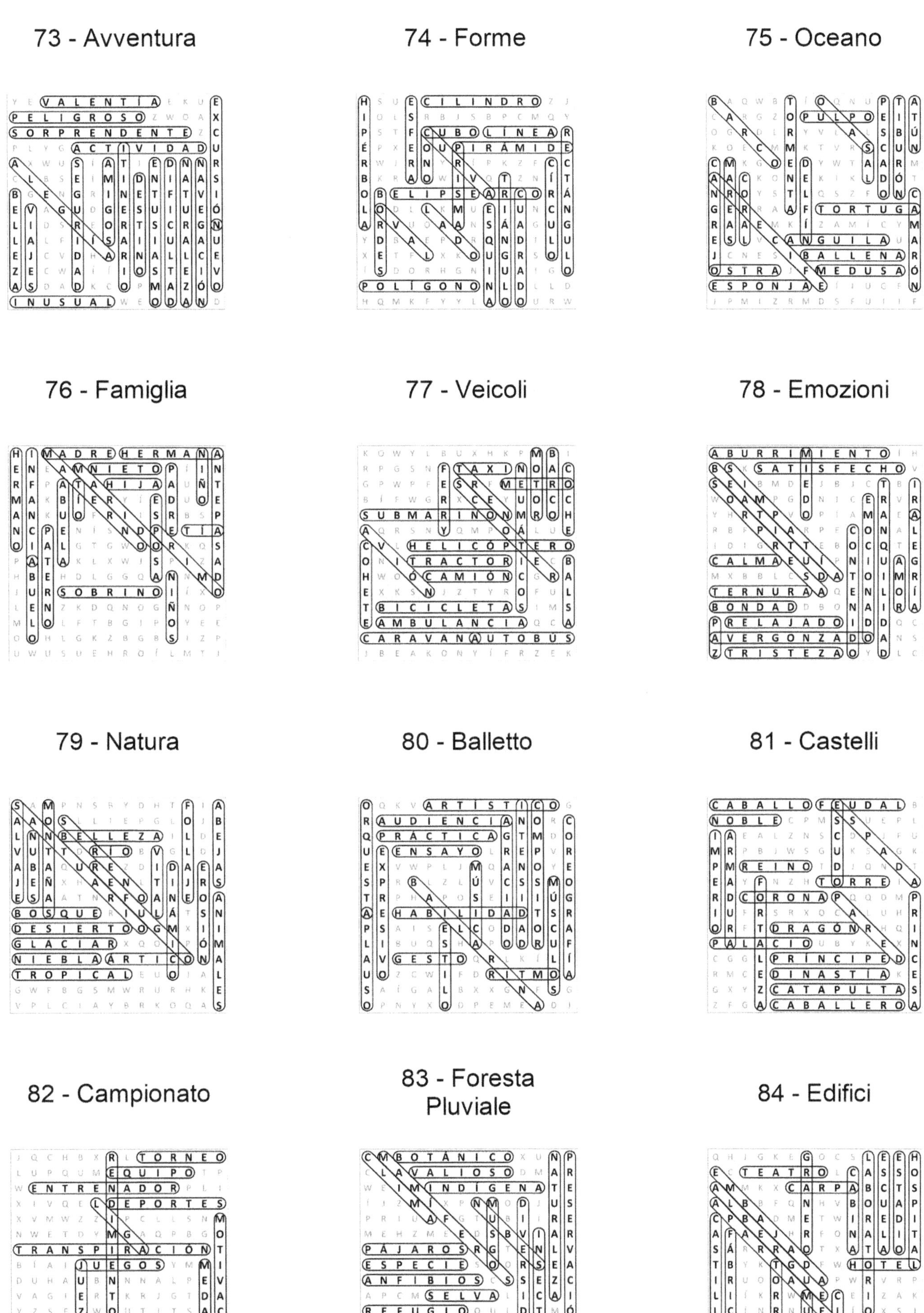

73 - Avventura

74 - Forme

75 - Oceano

76 - Famiglia

77 - Veicoli

78 - Emozioni

79 - Natura

80 - Balletto

81 - Castelli

82 - Campionato

83 - Foresta Pluviale

84 - Edifici

85 - Paesi #2

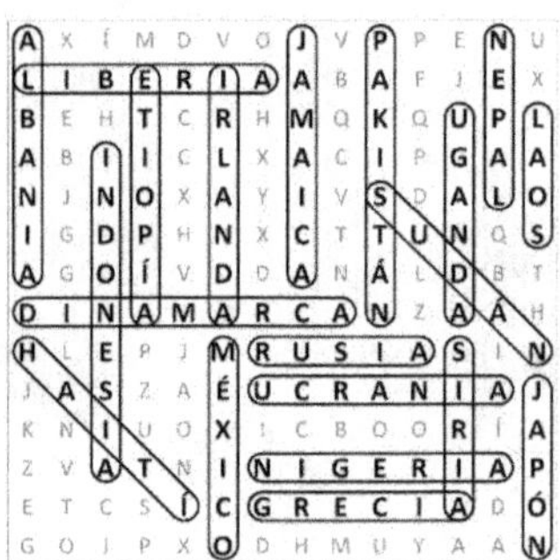

86 - Tipi di Capelli

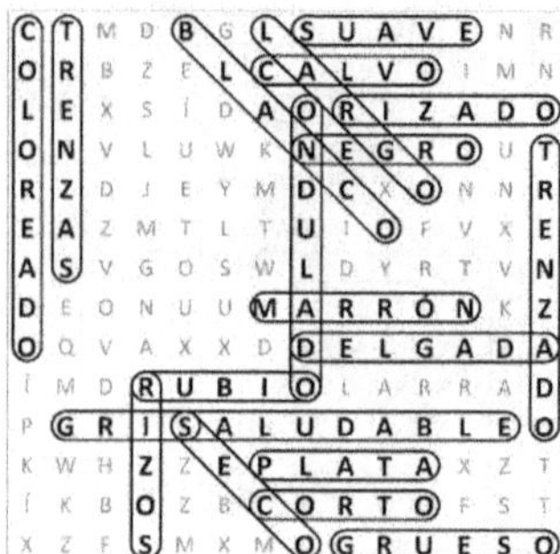

87 - Vestiti

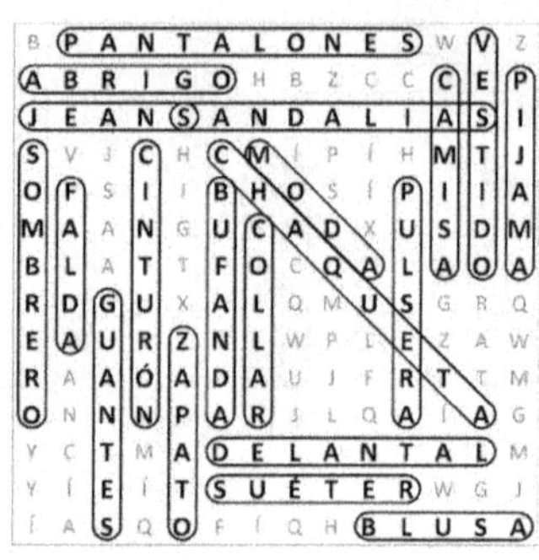

88 - Attività e Tempo Libero

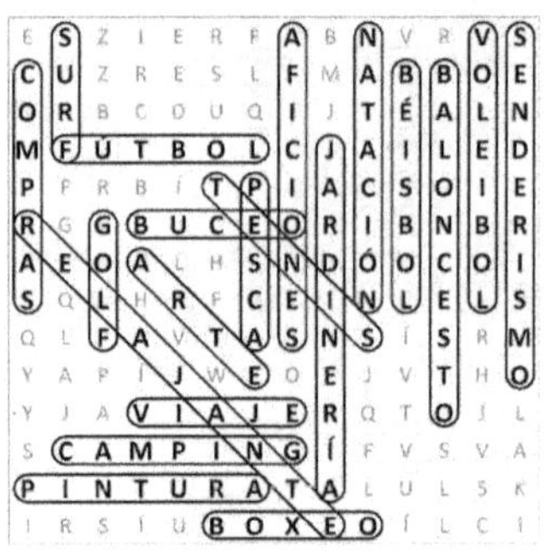

89 - Tecnologia

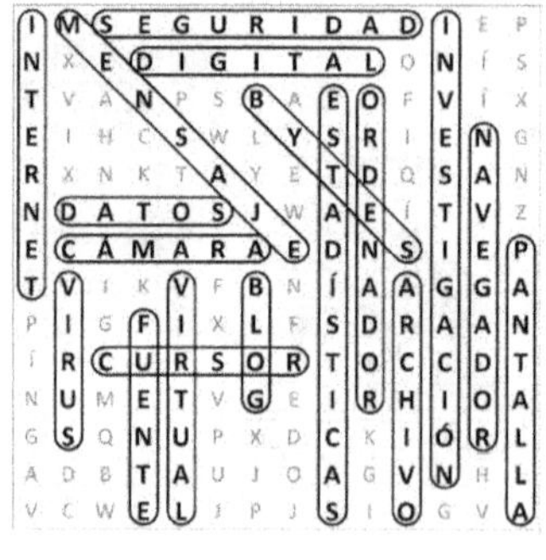

90 - Arte

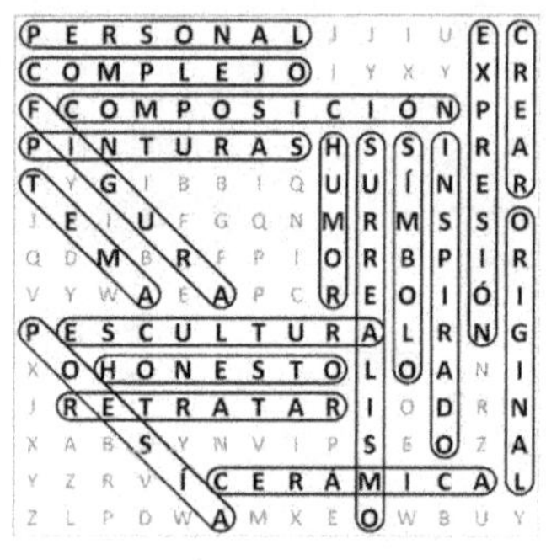

91 - Meteo

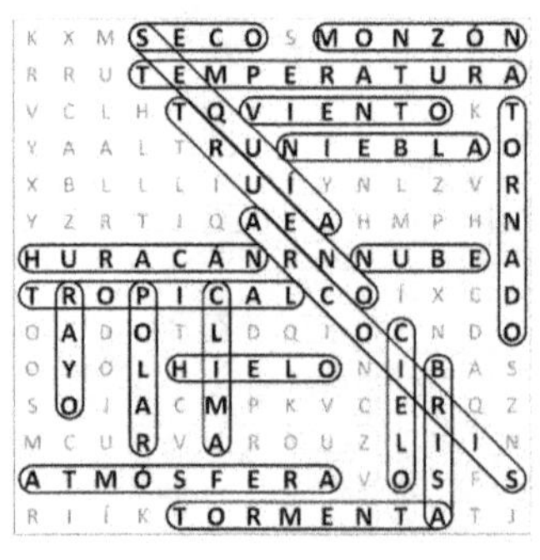

92 - Corpo Umano

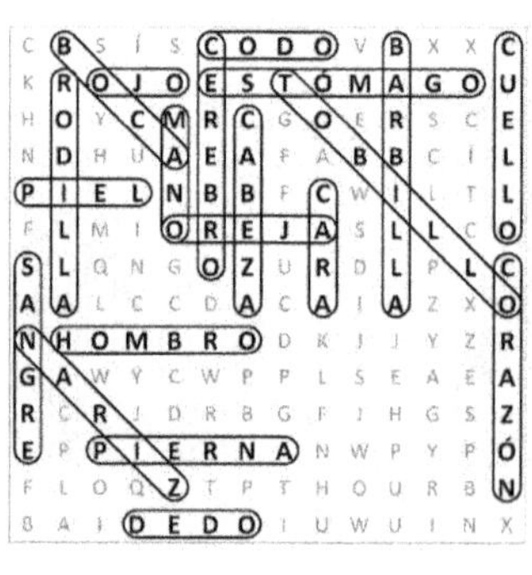

93 - Mammiferi

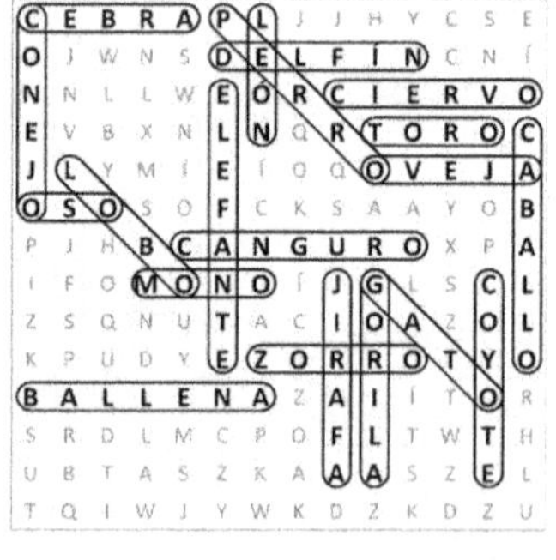

94 - Arrampicata

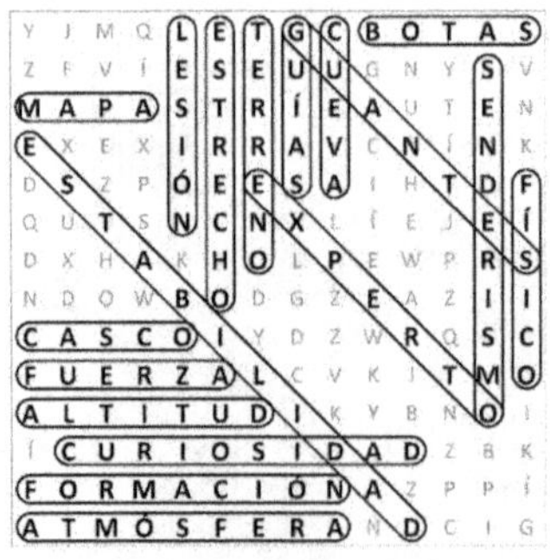

95 - Animali Domestici

96 - Cucina

97 - Vacanze #2

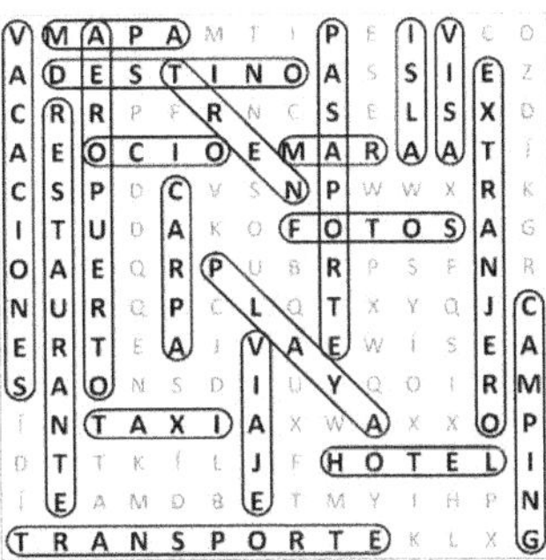

98 - Attività

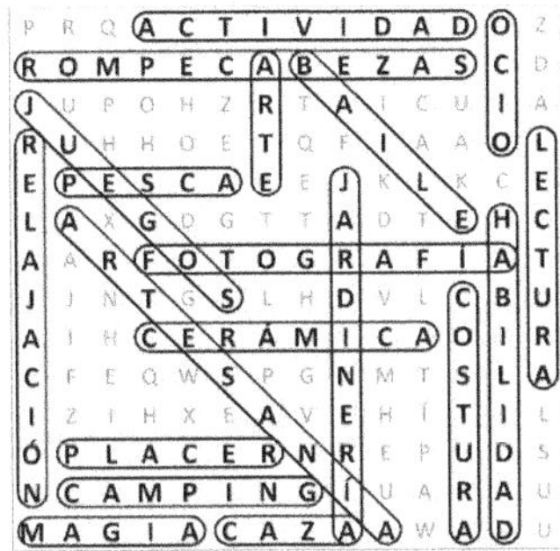

99 - Forniture Artistiche

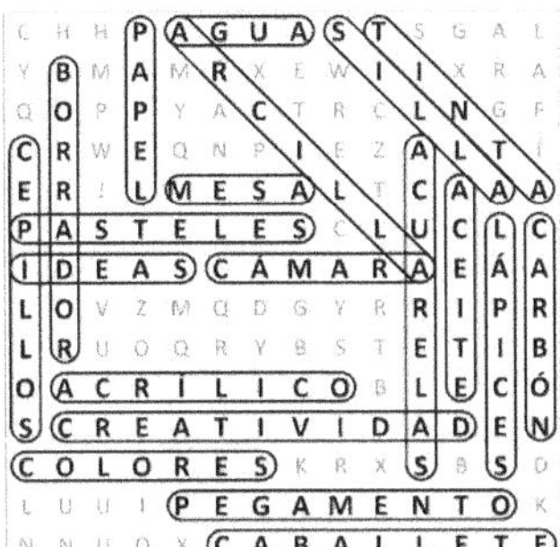

100 - Misurazioni

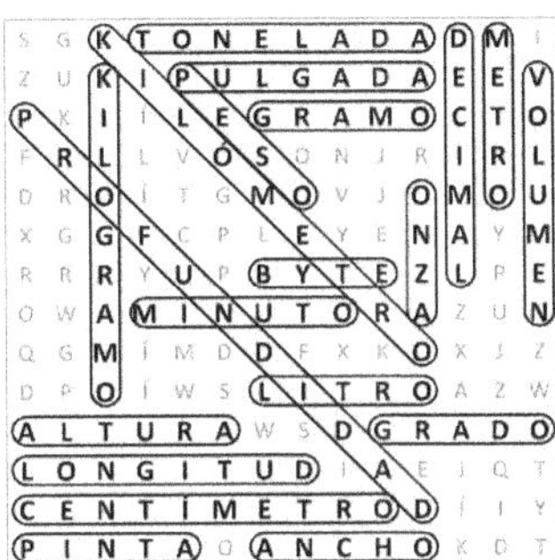

Dizionario

Acqua
Agua

Alluvione	Inundación
Canale	Canal
Doccia	Ducha
Evaporazione	Evaporación
Fiume	Río
Gelo	Helada
Geyser	Géiser
Ghiaccio	Hielo
Irrigazione	Riego
Lago	Lago
Monsone	Monzón
Neve	Nieve
Oceano	Océano
Onde	Olas
Pioggia	Lluvia
Potabile	Potable
Umidità	Humedad
Umido	Húmedo
Uragano	Huracán
Vapore	Vapor

Aeroplani
Aviones

Altezza	Altura
Altitudine	Altitud
Aria	Aire
Atmosfera	Atmósfera
Atterraggio	Aterrizaje
Avventura	Aventura
Carburante	Combustible
Cielo	Cielo
Costruzione	Construcción
Direzione	Dirección
Discesa	Descenso
Equipaggio	Tripulación
Idrogeno	Hidrógeno
Motore	Motor
Navigare	Navegar
Palloncino	Globo
Passeggero	Pasajero
Pilota	Piloto
Storia	Historia
Turbolenza	Turbulencia

Aggettivi #1
Adjetivos #1

Ambizioso	Ambicioso
Aromatico	Aromático
Artistico	Artístico
Assoluto	Absoluto
Attivo	Activo
Enorme	Enorme
Esotico	Exótico
Generoso	Generoso
Giovane	Joven
Grande	Grande
Identico	Idéntico
Importante	Importante
Lento	Lento
Lungo	Largo
Moderno	Moderno
Onesto	Honesto
Perfetto	Perfecto
Pesante	Pesado
Prezioso	Valioso
Sottile	Delgada

Aggettivi #2
Adjetivos #2

Affamato	Hambriento
Asciutto	Seco
Autentico	Auténtico
Creativo	Creativo
Descrittivo	Descriptivo
Dolce	Dulce
Drammatico	Dramático
Elegante	Elegante
Famoso	Famoso
Forte	Fuerte
Interessante	Interesante
Naturale	Natural
Normale	Normal
Nuovo	Nuevo
Orgoglioso	Orgulloso
Produttivo	Productivo
Puro	Puro
Responsabile	Responsable
Salato	Salado
Sano	Saludable

Animali Domestici
Mascotas

Acqua	Agua
Cane	Perro
Capra	Cabra
Cibo	Comida
Coda	Cola
Collare	Collar
Coniglio	Conejo
Criceto	Hámster
Cucciolo	Cachorro
Gattino	Gatito
Gatto	Gato
Guinzaglio	Correa
Lucertola	Lagarto
Mucca	Vaca
Pappagallo	Loro
Pesce	Pescado
Tartaruga	Tortuga
Topo	Ratón
Veterinario	Veterinario
Zampe	Patas

Antartide
Antártida

Acqua	Agua
Baia	Bahía
Balene	Ballenas
Conservazione	Conservación
Continente	Continente
Esplorazione	Exploración
Geografia	Geografía
Ghiacciai	Glaciares
Ghiaccio	Hielo
Isole	Islas
Migrazione	Migración
Minerali	Minerales
Nuvole	Nubes
Penisola	Península
Ricercatore	Investigador
Roccioso	Rocoso
Scientifico	Científico
Spedizione	Expedición
Temperatura	Temperatura
Topografia	Topografía

Api
Abejas

Ali	Alas
Alveare	Colmena
Benefico	Beneficioso
Cera	Cera
Cibo	Comida
Diversità	Diversidad
Ecosistema	Ecosistema
Fiori	Flores
Fiorire	Flor
Frutta	Fruta
Fumo	Humo
Giardino	Jardín
Habitat	Hábitat
Insetto	Insecto
Miele	Miel
Piante	Plantas
Polline	Polen
Regina	Reina
Sciame	Enjambre
Sole	Sol

Arrampicata
Escalada

Altitudine	Altitud
Atmosfera	Atmósfera
Casco	Casco
Curiosità	Curiosidad
Escursioni	Senderismo
Esperto	Experto
Fisico	Físico
Formazione	Formación
Forza	Fuerza
Grotta	Cueva
Guanti	Guantes
Guide	Guías
Lesione	Lesión
Mappa	Mapa
Stabilità	Estabilidad
Stivali	Botas
Stretto	Estrecho
Terreno	Terreno

Arte
Arte

Ceramica	Cerámica
Complesso	Complejo
Composizione	Composición
Creare	Crear
Dipinti	Pinturas
Espressione	Expresión
Figura	Figura
Ispirato	Inspirado
Onesto	Honesto
Originale	Original
Personale	Personal
Poesia	Poesía
Ritrarre	Retratar
Scultura	Escultura
Semplice	Sencillo
Simbolo	Símbolo
Soggetto	Tema
Surrealismo	Surrealismo
Umore	Humor
Visivo	Visual

Arti Visive
Artes Visuales

Architettura	Arquitectura
Argilla	Arcilla
Artista	Artista
Capolavoro	Obra Maestra
Carbone	Carbón
Cavalletto	Caballete
Cera	Cera
Ceramica	Cerámica
Composizione	Composición
Creatività	Creatividad
Film	Película
Fotografia	Fotografía
Gesso	Tiza
Matita	Lápiz
Penna	Pluma
Prospettiva	Perspectiva
Ritratto	Retrato
Scultura	Escultura
Stampino	Plantilla
Vernice	Barniz

Astronomia
Astronomía

Asteroide	Asteroide
Astronauta	Astronauta
Astronomo	Astrónomo
Cielo	Cielo
Cosmo	Cosmos
Costellazione	Constelación
Equinozio	Equinoccio
Galassia	Galaxia
Gravità	Gravedad
Luna	Luna
Meteora	Meteoro
Nebulosa	Nebulosa
Osservatorio	Observatorio
Pianeta	Planeta
Radiazione	Radiación
Razzo	Cohete
Supernova	Supernova
Telescopio	Telescopio
Terra	Tierra
Universo	Universo

Attività
Actividades

Abilità	Habilidad
Arte	Arte
Artigianato	Artesanía
Attività	Actividad
Caccia	Caza
Campeggio	Camping
Ceramica	Cerámica
Cucire	Costura
Danza	Baile
Escursioni	Senderismo
Fotografia	Fotografía
Giardinaggio	Jardinería
Giochi	Juegos
Lettura	Lectura
Magia	Magia
Pesca	Pesca
Piacere	Placer
Puzzle	Rompecabezas
Rilassamento	Relajación
Tempo Libero	Ocio

Attività e Tempo Libero
Actividades y Ocio

Arte	Arte
Baseball	Béisbol
Basket	Baloncesto
Boxe	Boxeo
Calcio	Fútbol
Campeggio	Camping
Escursioni	Senderismo
Giardinaggio	Jardinería
Golf	Golf
Hobby	Aficiones
Immersione	Buceo
Nuoto	Natación
Pallavolo	Voleibol
Pesca	Pesca
Pittura	Pintura
Rilassante	Relajante
Shopping	Compras
Surf	Surf
Tennis	Tenis
Viaggio	Viaje

Avventura
Aventura

Amici	Amigos
Attività	Actividad
Bellezza	Belleza
Coraggio	Valentía
Destinazione	Destino
Difficoltà	Dificultad
Entusiasmo	Entusiasmo
Escursione	Excursión
Gioia	Alegría
Insolito	Inusual
Itinerario	Itinerario
Natura	Naturaleza
Navigazione	Navegación
Nuovo	Nuevo
Opportunità	Oportunidad
Pericoloso	Peligroso
Preparazione	Preparación
Sicurezza	Seguridad
Sorprendente	Sorprendente
Viaggi	Viajes

Balletto
Ballet

Abilità	Habilidad
Applauso	Aplauso
Artistico	Artístico
Ballerina	Bailarina
Ballerini	Bailarines
Compositore	Compositor
Coreografia	Coreografía
Espressivo	Expresivo
Gesto	Gesto
Grazioso	Agraciado
Intensità	Intensidad
Muscoli	Músculos
Musica	Música
Orchestra	Orquesta
Pratica	Práctica
Prova	Ensayo
Pubblico	Audiencia
Ritmo	Ritmo
Stile	Estilo
Tecnica	Técnica

Barbecue
Barbacoas

Caldo	Caliente
Cena	Cena
Cibo	Comida
Cipolle	Cebollas
Coltelli	Cuchillos
Estate	Verano
Fame	Hambre
Famiglia	Familia
Frutta	Fruta
Giochi	Juegos
Griglia	Parrilla
Insalate	Ensaladas
Invito	Invitación
Musica	Música
Pepe	Pimienta
Pollo	Pollo
Pomodori	Tomates
Pranzo	Almuerzo
Sale	Sal
Salsa	Salsa

Campeggio
Camping

Alberi	Árboles
Amaca	Hamaca
Animali	Animales
Avventura	Aventura
Bussola	Brújula
Cabina	Cabina
Caccia	Caza
Canoa	Canoa
Cappello	Sombrero
Corda	Cuerda
Divertimento	Diversión
Foresta	Bosque
Fuoco	Fuego
Insetto	Insecto
Lago	Lago
Luna	Luna
Mappa	Mapa
Montagna	Montaña
Natura	Naturaleza
Tenda	Carpa

Campionato
Campeonato

Allenatore	Entrenador
Campionato	Campeonato
Campione	Campeón
Finalista	Finalista
Giochi	Juegos
Giudice	Juez
Lega	Liga
Medaglia	Medalla
Motivazione	Motivación
Prestazione	Rendimiento
Resistenza	Resistencia
Sportivo	Deportes
Squadra	Equipo
Strategia	Estrategia
Sudore	Transpiración
Torneo	Torneo
Vittoria	Victoria

Casa
Casa

Attico	Ático
Biblioteca	Biblioteca
Camera	Habitación
Camino	Chimenea
Chiavi	Llaves
Cucina	Cocina
Doccia	Ducha
Finestra	Ventana
Garage	Garaje
Giardino	Jardín
Lampada	Lámpara
Parete	Pared
Pavimento	Piso
Porta	Puerta
Recinto	Valla
Rubinetto	Grifo
Scopa	Escoba
Specchio	Espejo
Tappeto	Alfombra
Tetto	Techo

Castelli
Castillos

Armatura	Armadura
Catapulta	Catapulta
Cavaliere	Caballero
Cavallo	Caballo
Corona	Corona
Dinastia	Dinastía
Drago	Dragón
Feudale	Feudal
Fortezza	Fortaleza
Impero	Imperio
Nobile	Noble
Palazzo	Palacio
Parete	Pared
Principe	Príncipe
Principessa	Princesa
Regno	Reino
Scudo	Escudo
Spada	Espada
Torre	Torre
Unicorno	Unicornio

Cibo #1
Comida #1

Aglio	Ajo
Basilico	Albahaca
Cannella	Canela
Carne	Carne
Carota	Zanahoria
Cipolla	Cebolla
Fragola	Fresa
Insalata	Ensalada
Latte	Leche
Limone	Limón
Menta	Menta
Orzo	Cebada
Pera	Pera
Rapa	Nabo
Sale	Sal
Spinaci	Espinacas
Succo	Jugo
Tonno	Atún
Torta	Pastel
Zucchero	Azúcar

Cibo #2
Comida #2

Banana	Plátano
Broccolo	Brócoli
Ciliegia	Cereza
Cioccolato	Chocolate
Formaggio	Queso
Fungo	Seta
Grano	Trigo
Kiwi	Kiwi
Mela	Manzana
Melanzana	Berenjena
Pane	Pan
Pesce	Pescado
Pollo	Pollo
Pomodoro	Tomate
Prosciutto	Jamón
Riso	Arroz
Sedano	Apio
Uovo	Huevo
Uva	Uva
Yogurt	Yogur

Cioccolato
Chocolate

Amaro	Amargo
Antiossidante	Antioxidante
Arachidi	Cacahuetes
Aroma	Aroma
Artigianale	Artesanal
Cacao	Cacao
Calorie	Calorías
Caramello	Caramelo
Delizioso	Delicioso
Dolce	Dulce
Esotico	Exótico
Gusto	Gusto
Ingrediente	Ingrediente
Mangiare	Comer
Noce di Cocco	Coco
Polvere	Polvo
Preferito	Favorito
Qualità	Calidad
Ricetta	Receta
Zucchero	Azúcar

Circo
Circo

Acrobata	Acróbata
Animali	Animales
Biglietto	Billete
Caramella	Caramelo
Clown	Payaso
Costume	Traje
Elefante	Elefante
Giocoliere	Malabarista
Leone	León
Magia	Magia
Mago	Mago
Musica	Música
Palloncini	Globos
Parata	Desfile
Scimmia	Mono
Spettacolare	Espectacular
Spettatore	Espectador
Tenda	Carpa
Tigre	Tigre
Trucco	Truco

Città
Ciudad

Aeroporto	Aeropuerto
Banca	Banco
Biblioteca	Biblioteca
Cinema	Cine
Clinica	Clínica
Farmacia	Farmacia
Fiorista	Florista
Galleria	Galería
Hotel	Hotel
Libreria	Librería
Mercato	Mercado
Museo	Museo
Negozio	Tienda
Panetteria	Panadería
Scuola	Escuela
Stadio	Estadio
Supermercato	Supermercado
Teatro	Teatro
Università	Universidad
Zoo	Zoo

Colori
Colores

Arancia	Naranja
Azzurro	Azur
Beige	Beige
Bianco	Blanco
Blu	Azul
Ciano	Cian
Cremisi	Carmesí
Fucsia	Fucsia
Giallo	Amarillo
Grigio	Gris
Indaco	Índigo
Magenta	Magenta
Marrone	Marrón
Nero	Negro
Rosa	Rosa
Rosso	Rojo
Seppia	Sepia
Verde	Verde
Viola	Púrpura

Compleanno
Cumpleaños

Amici	Amigos
Anno	Año
Calendario	Calendario
Candele	Velas
Canzone	Canción
Carte	Tarjetas
Celebrazione	Celebración
Divertimento	Diversión
Felice	Feliz
Gioioso	Alegre
Giorno	Día
Giovane	Joven
Grande	Gran
Inviti	Invitaciones
Nato	Nacer
Regalo	Regalo
Saggezza	Sabiduría
Speciale	Especial
Tempo	Tiempo
Torta	Pastel

Conservazione
Conservación

Acqua	Agua
Ambientale	Ambiental
Cambiamenti	Cambios
Ciclo	Ciclo
Clima	Clima
Ecosistema	Ecosistema
Educazione	Educación
Habitat	Hábitat
Inquinamento	Contaminación
Naturale	Natural
Organico	Orgánico
Pesticida	Pesticida
Preoccupazione	Preocupación
Riciclare	Reciclar
Ridurre	Reducir
Salute	Salud
Sostenibile	Sostenible
Verde	Verde
Volontario	Voluntario

Corpo Umano
Cuerpo Humano

Bocca	Boca
Caviglia	Tobillo
Cervello	Cerebro
Collo	Cuello
Cuore	Corazón
Dito	Dedo
Faccia	Cara
Gamba	Pierna
Ginocchio	Rodilla
Gomito	Codo
Mano	Mano
Mento	Barbilla
Naso	Nariz
Occhio	Ojo
Orecchio	Oreja
Pelle	Piel
Sangue	Sangre
Spalla	Hombro
Stomaco	Estómago
Testa	Cabeza

Cucina
Cocina

Bacchette	Palillos
Bollitore	Caldera
Brocca	Jarra
Cibo	Comida
Ciotola	Tazón
Coltelli	Cuchillos
Congelatore	Congelador
Cucchiai	Cucharas
Forchette	Tenedores
Forno	Horno
Frigorifero	Refrigerador
Grembiule	Delantal
Griglia	Parrilla
Mestolo	Cucharón
Ricetta	Receta
Spezie	Especias
Spugna	Esponja
Tazze	Tazas
Tovagliolo	Servilleta
Vaso	Tarro

Danza
Baile

Accademia	Academia
Arte	Arte
Classico	Clásico
Compagno	Socio
Coreografia	Coreografía
Corpo	Cuerpo
Cultura	Cultura
Culturale	Cultural
Emozione	Emoción
Espressivo	Expresivo
Gioioso	Alegre
Grazia	Gracia
Movimento	Movimiento
Musica	Música
Postura	Postura
Prova	Ensayo
Ritmo	Ritmo
Salto	Saltar
Tradizionale	Tradicional
Visivo	Visual

Dinosauri
Dinosaurios

Ali	Alas
Carnivoro	Carnívoro
Coda	Cola
Enorme	Enorme
Erbivoro	Herbívoro
Evoluzione	Evolución
Fossili	Fósiles
Grande	Grande
Mammut	Mamut
Onnivoro	Omnívoro
Potente	Poderoso
Preda	Presa
Preistorico	Prehistórico
Rapace	Raptor
Rettile	Reptil
Scomparsa	Desaparición
Specie	Especie
Taglia	Tamaño
Terra	Tierra
Vizioso	Vicioso

Discipline Scientifiche
Disciplinas Científicas

Anatomia	Anatomía
Archeologia	Arqueología
Astronomia	Astronomía
Biochimica	Bioquímica
Biologia	Biología
Botanica	Botánica
Chimica	Química
Ecologia	Ecología
Fisiologia	Fisiología
Geologia	Geología
Immunologia	Inmunología
Linguistica	Lingüística
Meccanica	Mecánica
Meteorologia	Meteorología
Mineralogia	Mineralogía
Neurologia	Neurología
Psicologia	Psicología
Sociologia	Sociología
Termodinamica	Termodinámica
Zoologia	Zoología

Ecologia
Ecología

Clima	Clima
Comunità	Comunidades
Diversità	Diversidad
Fauna	Fauna
Flora	Flora
Globale	Global
Habitat	Hábitat
Marino	Marino
Natura	Naturaleza
Naturale	Natural
Palude	Pantano
Piante	Plantas
Risorse	Recursos
Siccità	Sequía
Sopravvivenza	Supervivencia
Sostenibile	Sostenible
Specie	Especie
Varietà	Variedad
Vegetazione	Vegetación
Volontari	Voluntarios

Edifici
Edificios

Ambasciata	Embajada
Appartamento	Apartamento
Cabina	Cabina
Castello	Castillo
Cinema	Cine
Fabbrica	Fábrica
Fienile	Granero
Hotel	Hotel
Laboratorio	Laboratorio
Museo	Museo
Ospedale	Hospital
Osservatorio	Observatorio
Ostello	Albergue
Scuola	Escuela
Stadio	Estadio
Supermercato	Supermercado
Teatro	Teatro
Tenda	Carpa
Torre	Torre
Università	Universidad

Emozioni
Emociones

Amore	Amor
Beatitudine	Beatitud
Calma	Calma
Contenuto	Contenido
Eccitato	Emocionado
Gentilezza	Bondad
Gioia	Alegría
Grato	Agradecido
Imbarazzato	Avergonzado
Noia	Aburrimiento
Pace	Paz
Paura	Miedo
Rabbia	Ira
Rilassato	Relajado
Simpatia	Simpatía
Soddisfatto	Satisfecho
Sorpresa	Sorpresa
Tenerezza	Ternura
Tranquillità	Tranquilidad
Tristezza	Tristeza

Erboristeria
Herboristería

Aglio	Ajo
Aneto	Eneldo
Aromatico	Aromático
Basilico	Albahaca
Culinario	Culinario
Dragoncello	Estragón
Finocchio	Hinojo
Fiore	Flor
Giardino	Jardín
Ingrediente	Ingrediente
Lavanda	Lavanda
Maggiorana	Mejorana
Menta	Menta
Origano	Orégano
Prezzemolo	Perejil
Qualità	Calidad
Rosmarino	Romero
Timo	Tomillo
Verde	Verde
Zafferano	Azafrán

Escursionismo
Senderismo

Acqua	Agua
Animali	Animales
Campeggio	Camping
Clima	Clima
Guide	Guías
Mappa	Mapa
Montagna	Montaña
Natura	Naturaleza
Orientamento	Orientación
Parchi	Parques
Pesante	Pesado
Pietre	Piedras
Preparazione	Preparación
Scogliera	Acantilado
Selvaggio	Salvaje
Sole	Sol
Stanco	Cansado
Stivali	Botas
Vertice	Cumbre
Zanzare	Mosquitos

Estate
Verano

Amici	Amigos
Campeggio	Camping
Casa	Hogar
Cibo	Comida
Famiglia	Familia
Giardino	Jardín
Giochi	Juegos
Gioia	Alegría
Immersione	Buceo
Libri	Libros
Mare	Mar
Musica	Música
Ricordi	Recuerdos
Rilassamento	Relajación
Sandali	Sandalias
Spiaggia	Playa
Stelle	Estrellas
Tempo Libero	Ocio
Vacanza	Vacaciones
Viaggio	Viaje

Famiglia
Familia

Antenato	Antepasado
Bambini	Niños
Bambino	Niño
Cugino	Primo
Figlia	Hija
Fratello	Hermano
Infanzia	Infancia
Madre	Madre
Marito	Marido
Materno	Materno
Moglie	Esposa
Nipote	Sobrino
Nipote	Nieto
Nonna	Abuela
Nonno	Abuelo
Padre	Padre
Paterno	Paterno
Sorella	Hermana
Zia	Tía
Zio	Tío

Fantascienza
Ciencia Ficción

Atomico	Atómico
Cinema	Cine
Distopia	Distopía
Esplosione	Explosión
Estremo	Extremo
Fantastico	Fantástico
Fuoco	Fuego
Futuristico	Futurista
Galassia	Galaxia
Illusione	Ilusión
Immaginario	Imaginario
Libri	Libros
Misterioso	Misterioso
Mondo	Mundo
Oracolo	Oráculo
Pianeta	Planeta
Realistico	Realista
Robot	Robots
Tecnologia	Tecnología
Utopia	Utopía

Fattoria #1
Granja #1

Acqua	Agua
Agricoltura	Agricultura
Ape	Abeja
Asino	Burro
Campo	Campo
Cane	Perro
Capra	Cabra
Cavallo	Caballo
Fertilizzante	Fertilizante
Fieno	Heno
Gatto	Gato
Gregge	Rebaño
Maiale	Cerdo
Miele	Miel
Mucca	Vaca
Pollo	Pollo
Recinto	Valla
Riso	Arroz
Semi	Semillas
Vitello	Ternero

Fattoria #2
Granja #2

Agnello	Cordero
Agricoltore	Agricultor
Alveare	Colmena
Anatra	Pato
Animali	Animales
Cibo	Comida
Fienile	Granero
Frutta	Fruta
Frutteto	Huerto
Grano	Trigo
Irrigazione	Riego
Lama	Llama
Latte	Leche
Mais	Maíz
Oche	Gansos
Orzo	Cebada
Pastore	Pastor
Pecora	Oveja
Prato	Prado
Trattore	Tractor

Fiori
Flores

Gardenia	Gardenia
Gelsomino	Jazmín
Giglio	Lirio
Girasole	Girasol
Ibisco	Hibisco
Lavanda	Lavanda
Lilla	Lila
Magnolia	Magnolia
Margherita	Margarita
Mazzo	Ramo
Narciso	Narciso
Orchidea	Orquídea
Papavero	Amapola
Passiflora	Pasionaria
Peonia	Peonía
Petalo	Pétalo
Plumeria	Plumeria
Rosa	Rosa
Trifoglio	Trébol
Tulipano	Tulipán

Foresta Pluviale
Selva Tropical

Anfibi	Anfibios
Botanico	Botánico
Clima	Clima
Comunità	Comunidad
Diversità	Diversidad
Giungla	Selva
Indigeno	Indígena
Insetti	Insectos
Mammiferi	Mamíferos
Muschio	Musgo
Natura	Naturaleza
Nuvole	Nubes
Preservazione	Preservación
Prezioso	Valioso
Restauro	Restauración
Rifugio	Refugio
Rispetto	Respeto
Sopravvivenza	Supervivencia
Specie	Especie
Uccelli	Pájaros

Forme
Formas

Angolo	Esquina
Arco	Arco
Bordi	Bordes
Cerchio	Círculo
Cilindro	Cilindro
Cono	Cono
Cubo	Cubo
Curva	Curva
Ellisse	Elipse
Iperbole	Hipérbola
Lato	Lado
Linea	Línea
Ovale	Oval
Piramide	Pirámide
Poligono	Polígono
Prisma	Prisma
Quadrato	Cuadrado
Rettangolo	Rectángulo
Sfera	Esfera
Triangolo	Triángulo

Forniture Artistiche
Suministros de Arte

Acqua	Agua
Acquerelli	Acuarelas
Acrilico	Acrílico
Argilla	Arcilla
Carbone	Carbón
Carta	Papel
Cavalletto	Caballete
Colla	Pegamento
Colori	Colores
Creatività	Creatividad
Gomma	Borrador
Idee	Ideas
Inchiostro	Tinta
Matite	Lápices
Olio	Aceite
Pastelli	Pasteles
Sedia	Silla
Spazzole	Cepillos
Tavolo	Mesa
Telecamera	Cámara

Frutta
Fruta

Albicocca	Albaricoque
Ananas	Piña
Arancia	Naranja
Avocado	Aguacate
Bacca	Baya
Banana	Plátano
Ciliegia	Cereza
Kiwi	Kiwi
Lampone	Frambuesa
Limone	Limón
Mango	Mango
Mela	Manzana
Melone	Melón
Mora	Mora
Nettarina	Nectarina
Papaia	Papaya
Pera	Pera
Pesca	Melocotón
Prugna	Ciruela
Uva	Uva

Gatti
Gatos

Affettuoso	Afectuoso
Artiglio	Garra
Cacciatore	Cazador
Coda	Cola
Curioso	Curioso
Divertente	Gracioso
Dormire	Dormir
Filo	Hilo
Giocoso	Juguetón
Indipendente	Independiente
Pazzo	Loco
Pelliccia	Piel
Personalità	Personalidad
Poco	Poco
Selvaggio	Salvaje
Timido	Tímido
Topo	Ratón
Veloce	Rápido
Zampa	Pata

Gentilezza
Bondad

Affettuoso	Afectuoso
Affidabile	Fiable
Amichevole	Amistoso
Amorevole	Amoroso
Attento	Atento
Compassionevole	Compasivo
Comprensione	Comprensión
Dolce	Suave
Felice	Feliz
Generoso	Generoso
Genuino	Genuino
Onesto	Honesto
Ospitale	Hospitalario
Paziente	Paciente
Ricettivo	Receptivo
Rispettoso	Respetuoso
Tollerante	Tolerante
Utile	Útil

Geografia
Geografía

Altitudine	Altitud
Atlante	Atlas
Città	Ciudad
Continente	Continente
Emisfero	Hemisferio
Fiume	Río
Isola	Isla
Latitudine	Latitud
Longitudine	Longitud
Mappa	Mapa
Mare	Mar
Meridiano	Meridiano
Mondo	Mundo
Montagna	Montaña
Nord	Norte
Ovest	Oeste
Paese	País
Regione	Región
Sud	Sur
Territorio	Territorio

Geologia
Geología

Acido	Ácido
Altopiano	Meseta
Calcio	Calcio
Caverna	Caverna
Continente	Continente
Corallo	Coral
Cristalli	Cristales
Erosione	Erosión
Fossile	Fósil
Geyser	Géiser
Lava	Lava
Minerali	Minerales
Pietra	Piedra
Quarzo	Cuarzo
Sale	Sal
Stalagmiti	Estalagmitas
Stalattite	Estalactita
Strato	Capa
Terremoto	Terremoto
Vulcano	Volcán

Giardino
Jardín

Albero	Árbol
Amaca	Hamaca
Cespuglio	Arbusto
Erba	Hierba
Erbacce	Malezas
Fiore	Flor
Frutteto	Huerto
Garage	Garaje
Giardino	Jardín
Pala	Pala
Panca	Banco
Prato	Césped
Rastrello	Rastrillo
Recinto	Valla
Stagno	Estanque
Suolo	Suelo
Terrazza	Terraza
Trampolino	Trampolín
Tubo	Manguera
Vite	Vid

Giocattoli
Juguetes

Aereo	Avión
Aquilone	Cometa
Argilla	Arcilla
Artigianato	Artesanía
Auto	Coche
Bambola	Muñeca
Barca	Barco
Batteria	Tambores
Bicicletta	Bicicleta
Camion	Camión
Giochi	Juegos
Immaginazione	Imaginación
Libri	Libros
Palla	Bola
Preferito	Favorito
Puzzle	Rompecabezas
Robot	Robot
Scacchi	Ajedrez
Treno	Tren
Vernici	Pinturas

Giorni e Mesi
Días y Meses

Agosto	Agosto
Anno	Año
Aprile	Abril
Calendario	Calendario
Dicembre	Diciembre
Domenica	Domingo
Febbraio	Febrero
Gennaio	Enero
Giugno	Junio
Luglio	Julio
Lunedì	Lunes
Martedì	Martes
Mercoledì	Miércoles
Mese	Mes
Novembre	Noviembre
Ottobre	Octubre
Sabato	Sábado
Settembre	Septiembre
Settimana	Semana
Venerdì	Viernes

Guida
Conduciendo

Auto	Coche
Autobus	Autobús
Carburante	Combustible
Freni	Frenos
Garage	Garaje
Gas	Gas
Incidente	Accidente
Licenza	Licencia
Mappa	Mapa
Moto	Motocicleta
Motore	Motor
Pedonale	Peatonal
Pericolo	Peligro
Polizia	Policía
Sicurezza	Seguridad
Strada	Carretera
Traffico	Tráfico
Trasporto	Transporte
Tunnel	Túnel
Velocità	Velocidad

Imbarcazioni
Barcos

Albero	Mástil
Ancora	Ancla
Barca a Vela	Velero
Boa	Boya
Canoa	Canoa
Corda	Cuerda
Equipaggio	Tripulación
Fiume	Río
Kayak	Kayak
Lago	Lago
Mare	Mar
Marea	Marea
Marinaio	Marinero
Motore	Motor
Nautico	Náutico
Oceano	Océano
Onde	Olas
Traghetto	Ferry
Yacht	Yate
Zattera	Balsa

Insetti
Insectos

Afide	Áfido
Ape	Abeja
Calabrone	Avispón
Cavalletta	Saltamontes
Cicala	Cigarra
Coccinella	Mariquita
Coleottero	Escarabajo
Falena	Polilla
Farfalla	Mariposa
Formica	Hormiga
Larva	Larva
Libellula	Libélula
Locusta	Langosta
Mantide	Mantis
Pulce	Pulga
Scarafaggio	Cucaracha
Termite	Termita
Verme	Gusano
Vespa	Avispa
Zanzara	Mosquito

Letteratura
Literatura

Analisi	Análisis
Analogia	Analogía
Aneddoto	Anécdota
Autore	Autor
Biografia	Biografía
Conclusione	Conclusión
Confronto	Comparación
Descrizione	Descripción
Dialogo	Diálogo
Genere	Género
Metafora	Metáfora
Opinione	Opinión
Poesia	Poema
Poetico	Poético
Rima	Rima
Ritmo	Ritmo
Romanzo	Novela
Stile	Estilo
Tema	Tema
Tragedia	Tragedia

Libri
Libros

Autore	Autor
Avventura	Aventura
Collezione	Colección
Contesto	Contexto
Dualità	Dualidad
Epico	Epopeya
Inventivo	Inventivo
Letterario	Literario
Lettore	Lector
Narratore	Narrador
Pagina	Página
Poesia	Poesía
Rilevante	Pertinente
Romanzo	Novela
Scritto	Escrito
Serie	Serie
Storia	Historia
Storico	Histórico
Tragico	Trágico
Umoristico	Humorístico

Mammiferi
Mamíferos

Balena	Ballena
Cane	Perro
Canguro	Canguro
Cavallo	Caballo
Cervo	Ciervo
Coniglio	Conejo
Coyote	Coyote
Delfino	Delfín
Elefante	Elefante
Gatto	Gato
Giraffa	Jirafa
Gorilla	Gorila
Leone	León
Lupo	Lobo
Orso	Oso
Pecora	Oveja
Scimmia	Mono
Toro	Toro
Volpe	Zorro
Zebra	Cebra

Matematica
Matemáticas

Angoli	Ángulos
Aritmetica	Aritmética
Decimale	Decimal
Diametro	Diámetro
Divisione	División
Equazione	Ecuación
Esponente	Exponente
Frazione	Fracción
Geometria	Geometría
Parallelo	Paralelo
Parallelogramma	Paralelogramo
Perimetro	Perímetro
Poligono	Polígono
Quadrato	Cuadrado
Raggio	Radio
Rettangolo	Rectángulo
Simmetria	Simetría
Somma	Suma
Triangolo	Triángulo
Volume	Volumen

Meditazione
Meditación

Accettazione	Aceptación
Attenzione	Atención
Calma	Calma
Chiarezza	Claridad
Compassione	Compasión
Emozioni	Emociones
Gentilezza	Bondad
Gratitudine	Gratitud
Mentale	Mental
Mente	Mente
Movimento	Movimiento
Musica	Música
Natura	Naturaleza
Osservazione	Observación
Pace	Paz
Pensieri	Pensamientos
Postura	Postura
Prospettiva	Perspectiva
Respirazione	Respiración
Silenzio	Silencio

Meteo
Clima

Arcobaleno	Arco Iris
Asciutto	Seco
Atmosfera	Atmósfera
Brezza	Brisa
Cielo	Cielo
Clima	Clima
Fulmine	Rayo
Ghiaccio	Hielo
Monsone	Monzón
Nebbia	Niebla
Nube	Nube
Polare	Polar
Siccità	Sequía
Temperatura	Temperatura
Tempesta	Tormenta
Tornado	Tornado
Tropicale	Tropical
Tuono	Trueno
Uragano	Huracán
Vento	Viento

Misurazioni
Mediciones

Altezza	Altura
Byte	Byte
Centimetro	Centímetro
Chilogrammo	Kilogramo
Chilometro	Kilómetro
Decimale	Decimal
Grado	Grado
Grammo	Gramo
Larghezza	Ancho
Litro	Litro
Lunghezza	Longitud
Metro	Metro
Minuto	Minuto
Oncia	Onza
Peso	Peso
Pinta	Pinta
Pollice	Pulgada
Profondità	Profundidad
Tonnellata	Tonelada
Volume	Volumen

Mitologia
Mitología

Archetipo	Arquetipo
Creatura	Criatura
Creazione	Creación
Credenze	Creencias
Cultura	Cultura
Disastro	Desastre
Divinità	Deidades
Eroe	Héroe
Forza	Fuerza
Fulmine	Rayo
Gelosia	Celos
Guerriero	Guerrero
Immortalità	Inmortalidad
Labirinto	Laberinto
Leggenda	Leyenda
Magico	Mágico
Mortale	Mortal
Mostro	Monstruo
Tuono	Trueno
Vendetta	Venganza

Mobili
Mueble

Amaca	Hamaca
Armoire	Armario
Cuscini	Cojines
Cuscino	Almohada
Divano	Sofá
Futon	Futón
Lampada	Lámpara
Letto	Cama
Libreria	Estantería
Materasso	Colchón
Panca	Banco
Poltrona	Sillón
Scaffali	Estantes
Scrivania	Escritorio
Sedia	Silla
Specchio	Espejo
Tappeto	Alfombra
Tende	Cortinas

Natura
Naturaleza

Animali	Animales
Api	Abejas
Artico	Ártico
Bellezza	Belleza
Deserto	Desierto
Dinamico	Dinámico
Erosione	Erosión
Fiume	Río
Fogliame	Follaje
Foresta	Bosque
Ghiacciaio	Glaciar
Montagne	Montañas
Nebbia	Niebla
Nuvole	Nubes
Rifugio	Refugio
Santuario	Santuario
Selvaggio	Salvaje
Sereno	Sereno
Tropicale	Tropical
Vitale	Vital

Numeri
Números

Cinque	Cinco
Decimale	Decimal
Diciannove	Diecinueve
Diciassette	Diecisiete
Diciotto	Dieciocho
Dieci	Diez
Dodici	Doce
Due	Dos
Nove	Nueve
Otto	Ocho
Quattordici	Catorce
Quattro	Cuatro
Quindici	Quince
Sedici	Dieciséis
Sei	Seis
Sette	Siete
Tre	Tres
Tredici	Trece
Venti	Veinte
Zero	Cero

Nutrizione
Nutrición

Amaro	Amargo
Appetito	Apetito
Bilanciato	Equilibrado
Calorie	Calorías
Carboidrati	Carbohidratos
Commestibile	Comestible
Dieta	Dieta
Digestione	Digestión
Fermentazione	Fermentación
Liquidi	Líquidos
Nutriente	Nutriente
Peso	Peso
Proteine	Proteínas
Qualità	Calidad
Salsa	Salsa
Salute	Salud
Sano	Saludable
Spezie	Especias
Tossina	Toxina
Vitamina	Vitamina

Oceano
Océano

Anguilla	Anguila
Balena	Ballena
Barca	Barco
Corallo	Coral
Delfino	Delfín
Gamberetto	Camarón
Granchio	Cangrejo
Maree	Mareas
Medusa	Medusa
Onde	Olas
Ostrica	Ostra
Pesce	Pescado
Polpo	Pulpo
Sale	Sal
Scogliera	Arrecife
Spugna	Esponja
Squalo	Tiburón
Tartaruga	Tortuga
Tempesta	Tormenta
Tonno	Atún

Paesaggi
Paisajes

Cascata	Cascada
Collina	Colina
Deserto	Desierto
Fiume	Río
Geyser	Géiser
Ghiacciaio	Glaciar
Grotta	Cueva
Iceberg	Iceberg
Isola	Isla
Lago	Lago
Mare	Mar
Montagna	Montaña
Oasi	Oasis
Oceano	Océano
Palude	Pantano
Penisola	Península
Spiaggia	Playa
Tundra	Tundra
Valle	Valle
Vulcano	Volcán

Paesi #2
Países #2

Albania	Albania
Danimarca	Dinamarca
Etiopia	Etiopía
Giamaica	Jamaica
Giappone	Japón
Grecia	Grecia
Haiti	Haití
Indonesia	Indonesia
Irlanda	Irlanda
Laos	Laos
Liberia	Liberia
Messico	México
Nepal	Nepal
Nigeria	Nigeria
Pakistan	Pakistán
Russia	Rusia
Siria	Siria
Sudan	Sudán
Ucraina	Ucrania
Uganda	Uganda

Pesca
Pesca

Acqua	Agua
Attrezzatura	Equipo
Barca	Barco
Branchie	Branquias
Cesto	Cesta
Cucinare	Cocinar
Esagerazione	Exageración
Esca	Cebo
Filo	Cable
Fiume	Río
Gancio	Gancho
Lago	Lago
Mascella	Mandíbula
Oceano	Océano
Pazienza	Paciencia
Peso	Peso
Pinne	Aletas
Spiaggia	Playa
Stagione	Temporada

Piante
Plantas

Albero	Árbol
Bacca	Baya
Bambù	Bambú
Botanica	Botánica
Cactus	Cactus
Cespuglio	Arbusto
Crescere	Crecer
Edera	Hiedra
Erba	Hierba
Fagiolo	Frijol
Fertilizzante	Fertilizante
Fiore	Flor
Flora	Flora
Fogliame	Follaje
Foresta	Bosque
Giardino	Jardín
Muschio	Musgo
Petalo	Pétalo
Radice	Raíz
Vegetazione	Vegetación

Pirati
Piratas

Ancora	Ancla
Avventura	Aventura
Bandiera	Bandera
Bussola	Brújula
Capitano	Capitán
Cattivo	Malo
Cicatrice	Cicatriz
Equipaggio	Tripulación
Grotta	Cueva
Isola	Isla
Leggenda	Leyenda
Mappa	Mapa
Monete	Monedas
Oro	Oro
Pappagallo	Loro
Pericolo	Peligro
Rum	Ron
Spada	Espada
Spiaggia	Playa
Tesoro	Tesoro

Professioni #1
Profesiones #1

Allenatore	Entrenador
Ambasciatore	Embajador
Artista	Artista
Astronomo	Astrónomo
Avvocato	Abogado
Ballerino	Bailarín
Banchiere	Banquero
Cacciatore	Cazador
Cartografo	Cartógrafo
Editore	Editor
Farmacista	Farmacéutico
Geologo	Geólogo
Gioielliere	Joyero
Idraulico	Fontanero
Infermiera	Enfermera
Musicista	Músico
Pianista	Pianista
Psicologo	Psicólogo
Scienziato	Científico
Veterinario	Veterinario

Professioni #2
Profesiones #2

Astronauta	Astronauta
Bibliotecario	Bibliotecario
Biologo	Biólogo
Chirurgo	Cirujano
Dentista	Dentista
Detective	Detective
Filosofo	Filósofo
Fotografo	Fotógrafo
Giardiniere	Jardinero
Giornalista	Periodista
Illustratore	Ilustrador
Ingegnere	Ingeniero
Insegnante	Profesor
Inventore	Inventor
Linguista	Lingüista
Medico	Médico
Pilota	Piloto
Pittore	Pintor
Ricercatore	Investigador
Zoologo	Zoólogo

Riempire
Rellenar

Bacino	Cuenca
Barile	Barril
Borsa	Bolsa
Bottiglia	Botella
Busta	Sobre
Cartella	Carpeta
Cartone	Cartón
Cassetto	Cajón
Cesto	Cesta
Pacchetto	Paquete
Scatola	Caja
Secchio	Cubo
Tasca	Bolsillo
Tubo	Tubo
Valigia	Maleta
Vasca	Bañera
Vaso	Jarrón
Vassoio	Bandeja

Ristorante #1
Restaurante #1

Allergia	Alergia
Caffè	Café
Cameriera	Camarera
Carne	Carne
Cassiere	Cajero
Cibo	Comida
Ciotola	Tazón
Coltello	Cuchillo
Cucina	Cocina
Dessert	Postre
Ingredienti	Ingredientes
Mangiare	Comer
Menù	Menú
Pane	Pan
Piatto	Plato
Piccante	Picante
Pollo	Pollo
Prenotazione	Reserva
Salsa	Salsa
Tovagliolo	Servilleta

Ristorante #2
Restaurante #2

Acqua	Agua
Aperitivo	Aperitivo
Bevanda	Bebida
Cameriere	Camarero
Cena	Cena
Cucchiaio	Cuchara
Delizioso	Delicioso
Forchetta	Tenedor
Frutta	Fruta
Ghiaccio	Hielo
Insalata	Ensalada
Minestra	Sopa
Pesce	Pescado
Pranzo	Almuerzo
Sale	Sal
Sedia	Silla
Spezie	Especias
Torta	Pastel
Uova	Huevos
Verdure	Verduras

Scacchi
Ajedrez

Avversario	Oponente
Bianco	Blanco
Campione	Campeón
Concorso	Concurso
Diagonale	Diagonal
Giocatore	Jugador
Gioco	Juego
Intelligente	Inteligente
Nero	Negro
Passivo	Pasivo
Per Imparare	Aprender
Punti	Puntos
Re	Rey
Regina	Reina
Regole	Reglas
Sacrificio	Sacrificio
Strategia	Estrategia
Tempo	Tiempo
Torneo	Torneo

Scienza
Ciencia

Atomo	Átomo
Chimico	Químico
Clima	Clima
Dati	Datos
Esperimento	Experimento
Evoluzione	Evolución
Fatto	Hecho
Fisica	Física
Fossile	Fósil
Gravità	Gravedad
Ipotesi	Hipótesis
Laboratorio	Laboratorio
Metodo	Método
Minerali	Minerales
Molecole	Moléculas
Natura	Naturaleza
Organismo	Organismo
Osservazione	Observación
Particelle	Partículas
Scienziato	Científico

Scuola #1
Escuela #1

Alfabeto	Alfabeto
Amici	Amigos
Aula	Aula
Biblioteca	Biblioteca
Carta	Papel
Cartelle	Carpetas
Divertimento	Diversión
Esami	Exámenes
Insegnante	Profesor
Libri	Libros
Marcatori	Marcadores
Matematica	Matemática
Matita	Lápiz
Numeri	Números
Penne	Plumas
Pranzo	Almuerzo
Quiz	Examen
Risposte	Respuestas
Scrivania	Escritorio
Sedia	Silla

Scuola #2
Escuela #2

Accademico	Académico
Autobus	Autobús
Biblioteca	Biblioteca
Calendario	Calendario
Carta	Papel
Computer	Ordenador
Dizionario	Diccionario
Educazione	Educación
Forbici	Tijeras
Giochi	Juegos
Grammatica	Gramática
Insegnante	Profesor
Letteratura	Literatura
Lettura	Lectura
Libri	Libros
Matematica	Matemática
Matita	Lápiz
Scarpe	Zapatos
Scienza	Ciencia
Zaino	Mochila

Spezie
Especias

Aglio	Ajo
Amaro	Amargo
Anice	Anís
Cannella	Canela
Cardamomo	Cardamomo
Cipolla	Cebolla
Coriandolo	Cilantro
Cumino	Comino
Curcuma	Cúrcuma
Curry	Curry
Dolce	Dulce
Finocchio	Hinojo
Liquirizia	Regaliz
Noce Moscata	Nuez Moscada
Paprika	Pimentón
Pepe	Pimienta
Sale	Sal
Vaniglia	Vainilla
Zafferano	Azafrán
Zenzero	Jengibre

Spiaggia
Playa

Asciugamano	Toalla
Barca	Barco
Barca a Vela	Velero
Blu	Azul
Costa	Costa
Granchio	Cangrejo
Isola	Isla
Laguna	Laguna
Mare	Mar
Nuotare	Nadar
Oceano	Océano
Ombrello	Paraguas
Sabbia	Arena
Sandali	Sandalias
Scogliera	Arrecife
Sole	Sol
Vacanza	Vacaciones

Sport
Deportes

Allenatore	Entrenador
Arbitro	Árbitro
Atleta	Atleta
Baseball	Béisbol
Basket	Baloncesto
Bicicletta	Bicicleta
Campionato	Campeonato
Ginnastica	Gimnasia
Giocatore	Jugador
Gioco	Juego
Golf	Golf
Hockey	Hockey
Movimento	Movimiento
Nuotare	Nadar
Palestra	Gimnasio
Squadra	Equipo
Stadio	Estadio
Tennis	Tenis
Vincitore	Ganador

Strumenti Musicali
Instrumentos Musicales

Armonica	Armónica
Arpa	Arpa
Banjo	Banjo
Chitarra	Guitarra
Clarinetto	Clarinete
Fagotto	Fagot
Flauto	Flauta
Gong	Gong
Mandolino	Mandolina
Marimba	Marimba
Oboe	Oboe
Percussione	Percusión
Pianoforte	Piano
Sassofono	Saxofón
Tamburello	Pandereta
Tamburo	Tambor
Tromba	Trompeta
Trombone	Trombón
Violino	Violín
Violoncello	Violonchelo

Surf
Surf

Atleta	Atleta
Campione	Campeón
Divertimento	Diversión
Estremo	Extremo
Folla	Multitudes
Forza	Fuerza
Meteo	Clima
Nuotare	Nadar
Oceano	Océano
Onda	Ola
Pagaia	Remo
Popolare	Popular
Principiante	Principiante
Schiuma	Espuma
Scogliera	Arrecife
Spiaggia	Playa
Spray	Rociar
Stile	Estilo
Stomaco	Estómago
Velocità	Velocidad

Tecnologia
Tecnología

Blog	Blog
Browser	Navegador
Byte	Bytes
Computer	Ordenador
Cursore	Cursor
Dati	Datos
Digitale	Digital
File	Archivo
Font	Fuente
Internet	Internet
Messaggio	Mensaje
Ricerca	Investigación
Schermo	Pantalla
Sicurezza	Seguridad
Software	Software
Statistiche	Estadísticas
Telecamera	Cámara
Virtuale	Virtual
Virus	Virus

Tempo
Tiempo

Anno	Año
Annuale	Anual
Calendario	Calendario
Decennio	Década
Dopo	Después
Futuro	Futuro
Giorno	Día
Ieri	Ayer
Mattina	Mañana
Mese	Mes
Mezzogiorno	Mediodía
Minuto	Minuto
Notte	Noche
Oggi	Hoy
Ora	Hora
Orologio	Reloj
Presto	Pronto
Prima	Antes
Secolo	Siglo
Settimana	Semana

Tipi di Capelli
Tipos de Cabello

Argento	Plata
Asciutto	Seco
Bianco	Blanco
Biondo	Rubio
Breve	Corto
Calvo	Calvo
Colorato	Coloreado
Grigio	Gris
Intrecciato	Trenzado
Lungo	Largo
Marrone	Marrón
Morbido	Suave
Nero	Negro
Ondulato	Ondulado
Riccio	Rizado
Riccioli	Rizos
Sano	Saludable
Sottile	Delgada
Spessore	Grueso
Trecce	Trenzas

Uccelli
Pájaros

Airone	Garza
Anatra	Pato
Aquila	Águila
Cicogna	Cigüeña
Cigno	Cisne
Cuculo	Cuco
Falco	Halcón
Fenicottero	Flamenco
Gabbiano	Gaviota
Oca	Ganso
Pappagallo	Loro
Passero	Gorrión
Pavone	Pavo Real
Pellicano	Pelícano
Piccione	Paloma
Pinguino	Pingüino
Pollo	Pollo
Struzzo	Avestruz
Tucano	Tucán
Uovo	Huevo

Vacanza #1
Vacaciones #1

Aereo	Avión
Andare	Ir
Auto	Coche
Biglietto	Billete
Dogana	Aduana
Itinerario	Itinerario
Lago	Lago
Museo	Museo
Nuotare	Nadar
Ombrello	Paraguas
Partenza	Salida
Rilassamento	Relajación
Spedizione	Expedición
Tram	Tranvía
Turismo	Turista
Valigia	Maleta
Valuta	Moneda
Zaino	Mochila

Vacanze #2
Vacaciones #2

Aeroporto	Aeropuerto
Campeggio	Camping
Destinazione	Destino
Foto	Fotos
Hotel	Hotel
Isola	Isla
Mappa	Mapa
Mare	Mar
Passaporto	Pasaporte
Ristorante	Restaurante
Spiaggia	Playa
Straniero	Extranjero
Taxi	Taxi
Tempo Libero	Ocio
Tenda	Carpa
Trasporto	Transporte
Treno	Tren
Vacanza	Vacaciones
Viaggio	Viaje
Visto	Visa

| ***Veicoli*** | | ***Verdure*** | | ***Vestiti*** | |
Vehículos		Verduras		Ropa	
Aereo	Avión	**Aglio**	Ajo	**Abito**	Vestido
Ambulanza	Ambulancia	**Broccolo**	Brócoli	**Braccialetto**	Pulsera
Auto	Coche	**Carciofo**	Alcachofa	**Camicetta**	Blusa
Autobus	Autobús	**Carota**	Zanahoria	**Camicia**	Camisa
Barca	Barco	**Cetriolo**	Pepino	**Cappello**	Sombrero
Bicicletta	Bicicleta	**Cipolla**	Cebolla	**Cappotto**	Abrigo
Camion	Camión	**Fungo**	Seta	**Cintura**	Cinturón
Caravan	Caravana	**Insalata**	Ensalada	**Collana**	Collar
Elicottero	Helicóptero	**Melanzana**	Berenjena	**Giacca**	Chaqueta
Metropolitana	Metro	**Patata**	Patata	**Gonna**	Falda
Motore	Motor	**Pisello**	Guisante	**Grembiule**	Delantal
Pneumatici	Neumáticos	**Pomodoro**	Tomate	**Guanti**	Guantes
Razzo	Cohete	**Prezzemolo**	Perejil	**Jeans**	Jeans
Scooter	Scooter	**Rapa**	Nabo	**Maglione**	Suéter
Sottomarino	Submarino	**Ravanello**	Rábano	**Moda**	Moda
Taxi	Taxi	**Scalogno**	Chalote	**Pantaloni**	Pantalones
Traghetto	Ferry	**Sedano**	Apio	**Pigiama**	Pijama
Trattore	Tractor	**Spinaci**	Espinacas	**Sandali**	Sandalias
Treno	Tren	**Zenzero**	Jengibre	**Scarpa**	Zapato
Zattera	Balsa	**Zucca**	Calabaza	**Sciarpa**	Bufanda

| ***Virtù #1*** | |
Virtudes #1	
Affascinante	Encantador
Affidabile	Fiable
Appassionato	Apasionado
Artistico	Artístico
Buono	Bien
Curioso	Curioso
Decisivo	Decisivo
Divertente	Gracioso
Efficiente	Eficiente
Generoso	Generoso
Indipendente	Independiente
Intelligente	Inteligente
Modesto	Modesto
Paziente	Paciente
Pratico	Práctico
Pulito	Limpio
Saggio	Sabio
Utile	Útil

Congratulazioni

Ce l'hai fatta!

Speriamo che questo libro vi sia piaciuto tanto quanto a noi è
piaciuto concepirlo. Ci sforziamo di creare libri della più alta
qualità possibile.
Questa edizione è progettata per fornire un apprendimento
intelligente, di qualità e divertente!

Le è piaciuto questo libro?

Una Semplice Richiesta

Questi libri esistono grazie alle recensioni che pubblicate.

Puoi aiutarci lasciando una recensione
ora a questo link ?

BestBooksActivity.com/Recensioni50

SFIDA FINALE!

Sfida n°1

Sei pronto per il tuo gioco gratuito? Li usiamo sempre, ma non sono così facili da trovare - ecco i **Sinonimi!**
Scrivi 5 parole che hai trovato nei puzzle (n° 21, n° 36, n° 76) e prova a trovare 2 sinonimi per ogni parola.

Scrivi 5 parole del **Puzzle 21**

Parole	Sinonimo 1	Sinonimo 2

Scrivi 5 parole del **Puzzle 36**

Parole	Sinonimo 1	Sinonimo 2

Scrivi 5 parole del **Puzzle 76**

Parole	Sinonimo 1	Sinonimo 2

Sfida n°2

Ora che ti sei riscaldato, scrivi 5 parole che hai trovato nei puzzle n° 9, n° 17 e n° 25 e cerca di trovare 2 contrari per ogni parola. Quanti ne puoi trovare in 20 minuti?

Scrivi 5 parole del **Puzzle 9**

Parole	Antonimo 1	Antonimo 2

Scrivi 5 parole del **Puzzle 17**

Parole	Antonimo 1	Antonimo 2

Scrivi 5 parole del **Puzzle 25**

Parole	Antonimo 1	Antonimo 2

Sfida n°3

Grande! Questa sfida  non è niente per te!

Pronto per la sfida finale? Scegli 10 parole che hai scoperto nei diversi puzzle e scrivile qui sotto.

1.	6.
2.	7.
3.	8.
4.	9.
5.	10.

Ora scrivi un testo pensando a una persona, un animale o un luogo che ti piace.

Puoi usare l'ultima pagina di questo libro come bozza.

La tua composizione:

TACCUINO:

A PRESTO!

Tutta la Squadra